朝鮮人「徴用工」問題を解きほぐす

室蘭・日本製鉄輪西製鉄所における外国人労働者「移入」の失敗

木村嘉代子

寿郎社

朝鮮人「徴用工」問題を解きほぐす

——室蘭・日本製鉄輪西製鉄所における外国人労働者「移入」の失敗

目次

序章　朝鮮人労働者――いわゆる「徴用工」とは……10

第一章　室蘭で死んだ一〇代の「徴用工」の少年たち……18

第二章

日本製鉄輪西製鉄所の誕生……50

第三章

戦時体制下の労働のあり方……56

序章　朝鮮人労働者——いわゆる「徴用工」とは

遺骨の返還

戦時中に日本に動員された朝鮮人労働者——いわゆる「徴用工」のことを知ったのは、二〇〇八年（平成二〇年）、企業から北海道室蘭市の寺に預けられていた三体の遺骨が祖国の韓国へ返還されたときでした。

三人の骨箱に残っていた明細書にある未払いの賃金などの行方を調査している市民団体「強制連行・強制労働犠牲者を考える北海道フォーラム」（以下、北海道フォーラム）の方に、米国の公文書であるＧＨＱ資料の翻訳を頼まれたのが、私が戦時の朝鮮人労働者にかかわるきっかけでした。

遺骨となった三人の朝鮮人が働いていたのは、日本製鉄輪西《わにし》製鉄所でした。そう、昨今「徴用工問題」とマスコミでもたびたび見聞きする、元徴用工訴訟で原告が損害賠償を求めている企業と同じ、日本製鉄です。裁判を起こした原告の韓国人たちも、賃金不払いを主張しています。

日本製鉄輪西製鉄所の朝鮮人労働者の未払い金は、連合国軍最高司令官総司令部（以下、ＧＨＱ）

がいったん回収し、最終的には東京法務局に供託され、いまもそのまま保管されています。一九四五年（昭和二〇年）八月の敗戦直前に北海道の鉱山など二十数社で働かされていた朝鮮人労働者の未払い金も、同じようにGHQに回収され、日本政府に移管されたままです。

二〇一八年（平成三〇年）一〇月三〇日、韓国大法院（最高裁）は日本製鉄に対し、「日本の不法な植民地支配や侵略戦争の遂行に直結した日本企業の反人道的不法行為」として、賠償を命じました。日本政府は、一九六五年（昭和四〇年）の日韓請求権協定で解決済みであり、この判決は国際法違反であると反論しています。

この判決を機に、徴用工問題は日韓の対立を深める一因になっているといわれるようになりました。徴用工問題は政治問題として扱われ、日韓関係の最大のネックとされています。

しかし、少し視点を変えれば、徴用工問題は働く人の権利の問題であり、特に、現在の日本で起きている外国人労働者に共通する問題でもあります。

この本では、〝外国人労働者〟の側面から、鉄鋼業を中心に朝鮮人労働者の実態を紹介しています。動員された朝鮮人労働者に関しては、優れた調査文献、研究論文や証言集が刊行されています。国立国会図書館でも、戦時の発行物、GHQ公文書などの閲覧が可能です。そうした資料を参考に、戦時の日本の労働環境、朝鮮人労働者が強いられた生活、敗戦後の未払い金問題を検証してみました。

ただ、日本政府も企業も情報を開示していないため、朝鮮人労働者の全容はまだ明らかになっていません。膨大な資料すべてを網羅できていないため、至らない点があることを、あらかじめお断りしておきます。

なぜ朝鮮人労働者が動員されたか

朝鮮から労働者を集団で動員したのは、日本の深刻な労働者不足を補うためでした。朝鮮人労働者は、日本の労働力を補充する〝一翼〟を担う存在として期待されていたのです。当時の資料には、「今後朝鮮以外の他の民族を労働力として雇用する基礎を作っていく」[*1]という記述もあり、朝鮮人だけでなく、ほかの民族の受け入れも計画に含まれていたと思われます。

朝鮮人が大規模に動員されたのは、一九一〇年（明治四三年）の韓国併合で朝鮮が日本の植民地にされたからです。植民地ではあっても、朝鮮に暮らす人々は、朝鮮語を使い、朝鮮の文化を守って生活していました。自らを日本人とは思っておらず、日本語を学んだ人も多くなかったのです。日本人も朝鮮人を他民族とみなしており、よく知らなかったといいます[*2]。

日本企業が外国人を集団で雇ったのは、この朝鮮人労働者が初めてでした。当時、言語や文化が違う民族を受け入れるにあたり、民間企業の体制はまったく整っていませんでした。

戦時下、朝鮮人労働者を必要とした炭鉱や建設現場、鉄鋼業などでは、日本人労働者も厳しく管理統制されていました。軍需品の生産増強を政府から命じられ、長時間労働、過重労働が当たり前の劣悪な労働環境だったのです。

緊迫した状況のなか、当時の朝鮮人労働者が、民族的差別、ヘイトスピーチ、パワハラ、いじめ、虐待の対象となったことは、容易に想像できるでしょう。

戦争に向けた総力戦体制において労務管理が重要視され、不満や矛盾を抱えていた日本人が、文化も言語も違い、コミュニケーションがうまくとれない人たちと融和的に働けたでしょうか。それは、現代の日本における外国人労働者につながる問題でもあります。

「徴用工」とは何か

徴用工とは、「国民徴用令」で労働力として強制動員された人を指す言葉で、日本人に使われていました。日本人の軍需産業への徴用令書は、兵士徴用の「赤紙召集」に対して、「白紙召集」と呼ばれ、徴用される当人や家族などに忌避されていました。民間工場への日本人の徴用は、一九四四年（昭和一九年）三月末までに二〇回行われ、一九七万三〇〇〇人、敗戦時における被徴用数は六一六万四一五六人にのぼります。[*3]

不思議なことに、日本人は、「白紙召集」についてはあまり多くを語りません。〝戦争に勝つ〟ため

＊1　楠原祖一郎「北海道朝鮮労務者協和訓練施設実施の概要」、一九四三年、三四頁、https://dl.ndl.go.jp/info:ndljp/pid/1439585

＊2　山田昭次・古庄正・樋口雄一『朝鮮人戦時労働動員』岩波書店、二〇〇五年、二七三頁

＊3　法政大学大原社会問題研究所編『太平洋戦争下の労働者状態』東洋経済新報社、一九六四年、二七頁

の滅私奉公的な皇道勤労観が、戦後、〝経済大国になる〟ために必要なものとしてほぼそのまま引き継がれたからかもしれません。そうした日本の働き方による災いのひとつが、「過労死」ともいえます。

日本、特に北海道では、江戸時代からアイヌ民族の強制労働が行われてきました。植民地の支配力を強め、近代化・工業化を進展させていった明治時代（一八六八～一九一二年）、囚人使役など強制労働は勢いを増しました[*4]。

開拓地の北海道では極度の労働力不足に陥り、〝タコ部屋〟として知られる奴隷労働が、炭鉱、鉄道、その他の建設工事で広く行われてきました。残忍なタコ部屋の構造は、請負業者と下請業者の不明瞭で複雑な関係がからみあったものです[*5]。

タコ部屋は、一九四六年（昭和二一年）のGHQ占領下で廃止されましたが、現在でも、外国人技能実習生や非正規労働者が働くいわゆる〝危険で、汚く、きつい〟三Kと呼ばれる仕事、たとえば、福島第一原発の除染作業など、何重もの下請け構造の職場にその名残があります。

何が問題なのか

日本は国策として、戦時に朝鮮人労働者を動員しましたが、敗戦でその責任を放棄し、いまに至っています。賃金や死亡手当といった未払い金は支払われておらず、日本で亡くなった人の遺骨も全国各地に残されたままです。

敗戦直後、日本政府は朝鮮人労働者の帰国には取り組みましたが、未払いになってしまった賃金や諸手当、労働中に命を落とした朝鮮人の死亡手当や遺骨などの返還については具体的な方針を明らかにしていません。

　未払い金を生む要因としては、賃金に関して「特に生活に必要とする額以外は貯蓄」[*6]させるよう指導されていたことが挙げられます。多くの朝鮮人労働者は預けたお金を受け取らずに帰国しています。

　日本政府の一九四五年（昭和二〇年）九月一日付通達[*7]では、帰国の日まで就労を続ける朝鮮人の賃金を預金して事業主が保管するよう指示し、預金という措置は「通信杜絶によるやむを得ざるものにして将来帰鮮の際貯金は必ず本人に渡す」と述べています。

ところが、日本政府は結局、未払い金を本人には返さず、供託という形で没収したのです。遺骨返還についても示さないままでした。

　日本政府は、未払い金のある朝鮮人労働者の名簿を企業から入手しているはずですが、その情報を開示していません。ＧＨＱの覚書のなかには名簿を入手した旨の記述があり、米国公文書に名簿の写しが存在している可能性は高いといえます。

＊4　田中修『日本資本主義と北海道』北海道大学図書刊行会、一九八六年、九三〜九六頁

＊5　筆宝康之『日本建設労働論　歴史・現実と外国人労働者』御茶の水書房、一九九二年、一二二〜一二四頁

＊6　前田一『特殊労務者の労務管理』山海堂、一九四三年、三〇〜三一頁

＊7　警保局保発甲第三号、「内鮮関係通牒書類編冊」内務省、https://www.digital.archives.go.jp/das/image/F0000000000000217125

朝鮮人労働者を雇い入れた企業も、謝罪をしていません。たとえば日本製鉄は、戦時中に軍需工場に指定されて国家の資金補助を受け、敗戦の戦争賠償を免れ、戦後は日本政府から経済援助を得てきました。

日本製鉄の社史には、「日鉄は戦時体制に対応していった」「日鉄の存在が当時の日本の戦力を支える大きな力になっていたことは事実であろう」[*8]と誇らしげに書かれていますが、軍需工場であったことの反省の言葉はありません。

今につながる労働のあり方

過酷で不当な労働を強いられることは、日本人であっても外国人であっても、たとえ戦時であっても、働く人の権利の侵害です。朝鮮人労働者の強制労働が働く人の権利の侵害としてほとんど議論されないのは、日本での働き方もまた、人権を顧みない傾向が続いてきたからなのかもしれません。

戦時の朝鮮人労働者動員は、日本における外国人労働者政策の大失敗例といえます。本書を通して、労働問題としての徴用工について少しでも知っていただくきっかけになりましたら幸いです。

なお、国策による朝鮮人労働者の動員は、「集団移入」「移入」と呼ばれていました。「移入」は本来、人間に対しては用いませんが、本書では、「集団移入」「移入」を使っている箇所があります。不適切ですが、当時の状況を伝える用語として、そのまま表記しました。また、本書では、引用文を読みやすいように漢字を平仮名や現代仮名遣いにしています。敬称は「徴用工」であった当事者の方以外は省略させていただきました。

戦前の日本製鉄株式会社は「日本製鉄」と表記しました。現在の日本製鉄株式会社は、解体・合併・商号変更を経て再びこの企業名になったため、戦前の日本製鉄と区別し、「日本製鉄（現）」としました。

＊8　日本製鉄株式会社史編集委員会編『日本製鉄株式会社史　一九三四－一九五〇』、一九五九年、八頁

第一章　室蘭で死んだ一〇代の「徴用工」の少年たち

三人の少年の遺骨

二〇〇八年（平成二〇年）二月、室蘭市の寺に納められていた朝鮮人労働者三人の遺骨が六二年ぶりに祖国の韓国へ返還されました。戦時中、室蘭市の日本製鉄輪西製鉄所で就労させられ、敗戦直前の米軍爆撃で犠牲になった少年たちの遺骨です。

鄭英得《チョン・ヨンドク》さんは一九二九年（昭和四年）三月九日生まれ、李延基《イ・ジョンギ》さんは一九二九年（昭和四年）一一月二六日生まれ、具然錫《ク・ヨンソック》さんは一九二八年（昭和三年）二月八日生まれで、いずれも慶尚南道《けいしょうなんどう》（キョサンナムド）出身です。日本製鉄輪西製鉄所で亡くなったときは一六、一七歳でした。

朝鮮人労働者の集団移入

朝鮮人労働者の集団移入は、一九三九年（昭和一四年）の「国家総動員法」に基づく労務動員計画で

日本製鉄輪西製鉄所における1942年度労務動員充足計画充足実績（単位：人）

	上半期	下半期	合　計
一般青壮年	425	1,855	2,280
国民学校修了者	481		481
中等学校卒業者	94		94
集団移入朝鮮人労働者	261	886	1,147
合計	1,261	2,741	4,002
昭和17年度需要数			4,200

朝鮮人強制連行実態調査報告書編集委員会『北海道と朝鮮人労働者　朝鮮人強制連行実態調査報告書』北海道、1999年、397頁、「北海道庁警察部職業課『勤労配置ニ関スル資料（日鉄関係）』1943年７月」より引用

初めて決定し、それ以降は毎年、動員数が増加しました。

最初は炭鉱や土木建築など一部の産業での雇用でしたが、重要な軍需産業である鉄鋼業界も、一九四二年（昭和一七年）二月に閣議決定した「朝鮮人労務者活用に関する方策」[*1]に基づき、翌三月から朝鮮人労働者の集団移入を開始しました。

日本での十分な動員が見込めない上に、雇っても辞める人が多い鉄鋼業界にとって、朝鮮人労働者は不可欠の供給源となっていきます。日本製鉄では、「一九四三年（昭和一八年）度には、前年（昭和一七年）度におけるのと同数の労働者を朝鮮から移入するほか、日本に居住している中国人および朝鮮人や、俘虜、囚人が労働動員計画のなかにとりいれられることになった[*2]」とあり、敗戦時（一九四五年八月

＊1　朝鮮人労務者活用ニ関スル方策、昭和一七年二月一三日閣議決定、朴慶植『在日朝鮮人関係資料集成　第四巻』三一書房、一九七六年、二四～二五頁、https://rnavi.ndl.go.jp/politics/entry/bib00376.php

＊2　日本製鉄株式会社史編集委員会編『日本製鉄株式会社史　一九三四－一九五〇』、一九五九年、六八六頁

敗戦当時の日本製鉄の労働者在籍人員（1945年８月15日現在）（単位：人）

	普通工員・傭員・職夫	特殊労務者						
		学徒	朝鮮人工員	俘虜	女子挺身隊	新規徴用工	養成工	小計
八幡製鉄所	48,088	2,600	2,805	1,161	227	3,744	961	11,498
輪西製鉄所	9,507	958	2,248		106	1,250	418	4,980
釜石製鉄所	10,175	806	369	354	172	867		2,568
富士製鋼所	729	6	26			307	18	357
大阪製鉄所	931					33	20	53
広畑製鉄所	6,916	534	107	306	48	2,207	112	3,314
計	76,346	4,904	5,555	1,821	553	8,408	1,529	22,770

日本製鉄株式会社史編集委員会編『日本製鉄株式会社史　1934－1950』、1959年、689頁より作成

一五日）に五五五五人の朝鮮人労働者が働いていました。

前述の閣議決定を経て、北海道で炭鉱、鉱山、土木建築以外の産業で初めて朝鮮人労働者を雇い入れたのは、室蘭の日本製鉄輪西製鉄所でした。

一九四二年六月一日、二六一人の朝鮮人労働者の入寮式が午前一〇時から瑞ノ江《みずのえ》協和寮で行われました。『室蘭日報』でその様子が報じられています。宿舎は木造二階建て三棟三八一坪で、瑞ノ江グランドに新築されたとあります。

朝鮮人たちは六月二日から、二カ月間の〝錬成〟（訓練のこと）に入りました。内容は、午前五時から七時まで団体生活の規律訓練、午前七時から午後五時まで訓練、午後五時から九時まで精神訓話、国語教育、皇国臣民の誓詞朗誦《せいしろうしょう》、食事作法、家郷遥拝《かきょうようはい》、日鉄綱領や社是、工場訓等の朗誦などの内務指導で、午後九時の就寝まで詳細な日程が組まれていました。[*3]

日本製鉄輪西製鉄所における一九四二年度労務動員

計画の達成率は九五・三%、そのうち集団移入朝鮮人労働者は二八・七%です。[*4] 一九四三年五月時点の朝鮮人労働者数は一一三〇人、全従業員一万六〇四人の約一割でした。[*5] 敗戦時の統計によれば、日本製鉄輪西製鉄所の総従業員数一万四四八七人のうちの朝鮮人労働者は二二四八人で、一五・五%と日本製鉄各所のなかで最も高くなっています。

朝鮮人労働者のひとり、具然錫《ク・ヨンソック》さんは、一九四四年（昭和一九年）に「徴集に応募」[*6]し、輪西製鉄所指導課第二寮班の職員三人に引率されて来日した第五期生でした。

一期前の崔啓光《チェ・ギョンクワン》さんは、次のように証言しています。

日鉄は一九四二（昭和一七）年から四四年にかけて、一〇期に分けて、訓練生という名目で朝鮮人を連行してきたんですが、私はその第四期生として一九四三年五月一日に室蘭に連れてこられました。私の郷里の慶尚南道に、日鉄は労務課の整員係というのを常駐させて〝募集〟を

---

*3 『室蘭日報』一九四二年六月五日付、朝鮮人強制連行実態調査報告書編集委員会『北海道と朝鮮人労働者　朝鮮人強制連行実態調査報告書』北海道、一九九九年、一五四～一五五頁

*4 朝鮮人強制連行実態調査報告書編集委員会『北海道と朝鮮人労働者　朝鮮人強制連行実態調査報告書』北海道、一九九九年、三九七頁

*5 朝鮮人強制連行実態調査報告書編集委員会『北海道と朝鮮人労働者　朝鮮人強制連行実態調査報告書』北海道、一九九九年、一五五頁

*6 父・具聖祖氏が池田首相（当時）に提出した陳述書、「太平洋戦争終結による旧日本国籍人の保護引揚関係雑件　朝鮮人関係　遺骨送還関係」外務省外交史料館

日本製鉄輪西製鉄所の艦砲射撃による死亡者　　（単位：人）

	構内			構外			計		
	男	女	計	男	女	計	男	女	計
職員・準職員	4	2	6		1	1	4	3	7
傭工員・職夫	47	2	49	14	5	19	61	7	68
学徒				2	1	3	2	1	3
訓練生	5		5				5		5
港運	7		7				7		7
美唄挺身隊	12		12				12		12
家族				29	50	79	29	50	79
真野組	1		1				1		1
計	76	4	80	45	57	102	121	61	182

富士製鉄株式会社室蘭製鉄所編『室蘭製鉄所50年史』、1958年、213頁より作成

やっていたんですが、その対象は郡当局が推せんする人を郡ごとに一〇〇人から三〇〇人ぐらい選ぶ。その推せんがなければ〝応募〟もできない仕組みです。それを一期ごと三〇〇人ずつまとめて一〇期まで連行したわけです。……日鉄は〝技術をおぼえさせる〟というふれこみでわれわれをつれてきたんだが、結局技術らしいものは身につけさせませんでしたね……。[*7]

具さんは運転課だったとあります。鉄鋼一貫作業を行う日本製鉄では、原料および製品等の搬出入量が膨大で、雇われた朝鮮人労働者は、運搬作業に配属されることも珍しくなかったようです。

しかし、「訓練工は人の足りない圧延・製鋼部門（「火の側」）に配置された」[*8]ともあり、

実際にどのような作業に就いていたのかは不明です。

空襲と艦砲射撃にさらされた室蘭

敗戦を間近に控えた一九四五年（昭和二〇年）七月、悲劇が起きました。北海道各地が米軍から二回にわたって襲撃され、軍事工場の日本製鉄輪西製鉄所と日本製鋼所室蘭製作所がある室蘭は、激しい空襲と艦砲射撃にさらされたのです。

七月一四日と一五日、米軍の戦闘機が北海道各地区に来襲し、室蘭市も機銃掃射で狙われました。一四日の朝五時三〇分ごろから、一〇〇機近い米軍の戦闘機が室蘭港の空襲を始め、午後三時ごろにも、百数十機が工場や船舶、市街地などを襲撃しました。[*9]この日の日本製鉄および日本製鋼の被害は少なかったのですが、輪西製鉄所およびその社宅地区も襲われ、製鉄所構内に爆弾三個が投下されています。[*10]

翌一五日、室蘭は再び砲火を浴びます。アイオワ、ウィスコンシン、ミズーリの戦艦三隻、アトランタとデイトンの軽巡洋艦二隻、駆逐艦九隻[*11]からの激しい艦砲射撃の主な標的は、日本製鋼所室

＊7　崔啓光さんの証言、朝鮮人強制連行真相調査団編『朝鮮人強制連行強制労働の記録　北海道・千島・樺太編』現代史出版会、一九七四年、三〇五～三〇七頁
＊8　山田昭次・古庄正・樋口雄一『朝鮮人戦時労働動員』岩波書店、二〇〇五年、一九〇頁
＊9　室蘭市史編さん委員会『新室蘭市史』、一九八七年、四〇七～四一一頁
＊10　富士製鉄株式会社室蘭製鉄所編『室蘭製鉄所五〇年史』、一九五八年、二一一頁

蘭製作所と日本製鉄輪西製鉄所でした。

この日、日本製鋼所室蘭製作所には、朝九時三七分から一〇時四〇分にかけて、工場構内に四〇センチ砲弾六四発、社宅地区には四〇センチ砲弾一三〇発が着弾しました。死亡した従業員は一一二人、負傷者は八八人でした。[*12]

一方、日本製鉄輪西製鉄所は、早朝九時三七分から一〇時三七分までの一時間にわたり、構内および構外に三一一発の被弾がありました。施設は崩壊し、従業員と家族、その他関係者一八二名が死亡。重傷者は一二名、軽傷者は四〇名におよびました。[*13]

日本製鉄輪西製鉄所の艦砲射撃による死亡者を示す表（二二ページ）にある「訓練生」が朝鮮人労働者で、五人が構内で死亡しています。

朝鮮人労働者の被害

朝鮮人労働者の被害について、日本製鉄の元社員の証言が残っています。

朝鮮人が二人で炉蓋に腰をかけていたので、「お前達、ここにいれば危ないからすぐこい！」と、いったのについてこなかったのです。私たちが地下に入ったその時、「ドカーン」と音がしたので「あっ」と、思った。「アイゴー、アイゴー」という声が私たちの処まで聞こえて来たので、「ああ、やられたな」と、思い、早速救護班に行ってもらい、私も行ったのですが、爆弾が落ち

———

た場所は私が電源を切る場所でした。その下に朝鮮人がいたのです。……だんだんと音も遠くになりましたので病院に朝鮮人を連れて行きました。その夜は私と朝鮮人三人でコークス炉の火止をし、朝までコークス炉を守っていました。[*14]

———

そばの壕に入っていた少年（訓練生）は窒息死で鼻血を少し出して、水びたしになって死んでおりました。そのすぐそばの壕からは、ぬれねずみになり顔がすっかりはれあがった少年がワーワー泣きながらはいあがってきました。このときまた、砲撃がはじまりました。[*15]

———

二日間の爆撃による室蘭全体の被害は、死亡四三六人、重傷二九人、軽傷二〇人、住宅の大破（全壊）四四八戸、中破（半壊）四一四戸、小破七八一戸におよびました。[*16]

この室蘭艦砲射撃の一カ月後、アジア太平洋戦争は終了しました。しかし、亡くなった五人の朝鮮人労働者の遺骨すべてが本国に返還されたのは、それから六〇年以上経ってからのことです。五

＊11　室蘭市史編さん委員会『新室蘭市史』、一九八七年、四一二～四一八頁
＊12　日本製鋼所編『日本製鋼所社史資料　下巻』、一九六八年、二四二～二四三頁
＊13　富士製鉄株式会社室蘭製鉄所編『室蘭製鉄所五〇年史』、一九五八年、二一一～二一三頁
＊14　今田勇次「負傷した朝鮮人」、室蘭地方史研究会『室蘭戦災誌　空襲と艦砲射撃の記録』室蘭市教育委員会、一九八三年、一五七～一五八頁
＊15　小林勇作（日本製鉄総務課勤務）の手記、室蘭市史編さん委員会『新室蘭市史』、一九八七年、四一九頁
＊16　室蘭市史編さん委員会『新室蘭市史』、一九八七年、四二七～四二八頁

体のうち一体は敗戦の年の一〇月に、もう一体は一九七五年二月に祖国の遺族に返還されたようですが、残る三体は日本の寺に預けられたままだったのです。

なぜ遺体は返還されなかったのでしょうか。日本政府や企業は情報を開示しないため、その全容は明らかになっていません。二〇〇〇年（平成一二年）に入り、市民団体の尽力で調査が行われ、韓国の遺族が見つかりました。遺骨の返還も市民の手で実現しました。

公開されている限られた資料から、遺骨の経緯をたどってみます。

六〇年かかった遺骨返還

敗戦直後、輪西製鉄所では、学徒、女性挺身隊、新規徴用工らと同様、朝鮮人労働者も引き揚げていきましたが、「朝鮮人労務者の本国送還は、当時の国政の麻痺状態から、配船その他が予定どおり行われず、一〇月から翌年一月まで前後六回にわたる輸送には、苦労と困難が伴った」とあります[*17]。

艦砲射撃で命を落とした五人の遺骨は、一九四五年（昭和二〇年）一〇月一〇日の第一回の朝鮮人労働者二五〇人の帰国の際に返還される予定でした。引率した労務課長は、遺骨とともに室蘭港で信濃丸に乗船し、函館港を一六日に出帆《しゅっぱん》しています。しかし、釜山に到着したものの、朝鮮はＧＨＱの占領下にあり、入国がままならず、遺骨の引き渡しを断念したそうです[*18]。

そのとき、遺骨一体は本人の従弟に委託し、ＧＨＱの規定で一〇〇〇円以上の持ち込みは不可だったため、手当金を信濃丸の機関長に依頼したといいます。しかし、四体の遺骨は労務課長が室蘭に持ち帰ることになります。

敗戦後、全国各地の炭鉱や事業場では、過酷な労働を強いられていた朝鮮人や中国人たちによる賃金等の支払い要求などが多発しました。輪西製鉄所でも、「一一月初旬に発足した、彼らの自治機関である自治会は、役員手当の要求、公務死亡者の遺骨取扱ならびに諸手当の要求等を行い、会社との間に紛議が絶えず[*19]」とあります。

一九四六年（昭和二一年）二月上旬、「朝鮮人援護局室蘭支局長ら二、三人」が輪西製鉄所を訪問し、遺骨問題の交渉をしています。朝鮮人援護局は、逃亡者や死没者などの諸手当等の書類作成および未払い金などの引き渡しを要求し、会社側が金銭の引き渡しを拒否すると、「主に遺骨返還に対する送還処置の遅延を難詰」し、「脅迫的態度を以て大声に叫喚し、威嚇侮辱」したとあります。

そのため、輪西製鉄所は、警察の立ち会いのもと、三月四日に北海道朝鮮人援護局の三人と会談し、「遺骨は次の計画輸送の際帰鮮する者に委託する。遺骨送還者には旅費、日当を支給する」ことで妥結しました。ところが、翌日、この援護局の三人は拘束され、別の団体が朝鮮人に関する折衝の一切を引き受けることになります。

＊17　富士製鉄株式会社室蘭製鉄所編『室蘭製鉄所五〇年史』、一九五八年、二二〇〜二二一頁

＊18　富士製鉄株式会社から外務省北東アジア局長への書簡「韓国人遺骨引渡請求に関する問題の経緯について」（一九六四年五月一五日付）、「太平洋戦争終結による旧日本国籍人の保護引揚関係雑件　朝鮮人関係　遺骨送還関係」外務省外交史料館

＊19　富士製鉄株式会社室蘭製鉄所編『室蘭製鉄所五〇年史』、一九五八年、二二一頁

北海道朝鮮人援護局は、北海道進駐の米軍第七七歩兵師団に、朝鮮人労働者の未払い金の調査や帰国業務などの朝鮮人の援護業務を一括して行うことを許可された、朝鮮臨時政府代表と名乗る三人が設立した団体です[20]。ところが、日本滞在中にさまざまな違法行為を犯していたことが判明し、その三人は横浜の米軍第八軍の要請で一九四六年三月八日に逮捕されました[21]。

このひと悶着から約一カ月後の四月、輪西製鉄所は遺族に向けて書簡を送ったとあります。一五日に、諸手当金その他の送金が不能であることを伝え、一九日には、死亡した状況ならびに戦後現在までの経過を報告したことになっています。

このころ、帰国する朝鮮人に遺骨を委ねる予定だったようですが、持ち込み金や委託送金の都合で取りやめになり、遺骨も返還できなくなってしまいます。

処遇に腐心した輪西製鉄所は、七月二九日、遺骨四体を持って室蘭進駐軍司令部に出向き、遺骨の送還を依頼しました。しかし、同司令部に断られます。

ＧＨＱは当初、遺骨を調査した朝鮮人援護局の三人に遺骨返還を任せるつもりだったとみられます。ところが、彼らの逮捕により、予定が崩れ、「帰国の責任を負う日本の担当関係者が、遺骨返還のための運送業者を選択するよう日本政府に通告する」と方針を変更したようです。

遺骨の状況について、ＧＨＱの一九四六年五月五日付送付書には、「死亡手当には遺骨返還に要する輸送費が含まれる」「遺骨は、骨箱に納められ、大部分が炭鉱会社に保管されている」「ＧＨＱが得た情報によると、他府県では朝鮮人連盟がこの問題を扱っているが、北海道には朝鮮人連盟の支部が設立されていない」と記されています[22]。

室蘭進駐軍に遺骨の引き受けを断られた輪西製鉄所は、室蘭市輪西町の光昭寺に遺骨の保管を依頼しました。

一九四七年（昭和二二年）七月一五日には、亡くなった四人の三回忌法要が光昭寺で執り行われました。労務掛長の発議の下、事務員等が準備委員となり、会社側や室蘭朝鮮人保護会など関係者が多数参列し、追悼懇談会を催します。聞くところによると、二〇〇八年（平成二〇年）に遺骨が返還されるまで、富士製鉄（輪西製鉄所の後継会社）、新日本製鉄（八幡製鉄と富士製鉄の合併会社）の社員が寺参りを続けていたそうです。

遺骨が光昭寺に預けられて三年経った一九四九年（昭和二四年）二月一四日になって、輪西製鉄所は、北海道連絡調整事務局長から遺骨の現状について連絡を受けます。連絡調整中央事務局長官による、朝鮮人の遺骨送還に関するそれまでの折衝の経過と各方面の状況報告でした。連絡調整事務局は、ＧＨＱ地方軍司令部との連絡調整事務を行う部署です。具体的な報告の内容はわかりません。一九四八年八月に大韓民国が樹立し、韓国はＧＨＱを通して、日本政府に強制労働などの調査を依頼し始めていた時期です。しかし、このときも遺骨が返還されることはありませんでした。

＊20　函館市史編さん室『函館市史』、一九九〇年、八〇～八一頁、http://archives.c.fun.ac.jp/hakodateshishi/tsuusetsu_04/shishi_06-01/shishi_06-01-01-03-08.htm

＊21　第七四軍政中隊から第八軍司令部への送付書、戦後補償問題研究会編集『戦後補償問題』第八集　ＧＨＱ関連文書集（朝鮮人未払金政策等）、一九九三年、四七頁

＊22　第七四軍政中隊から第八軍司令部への送付書、戦後補償問題研究会編集『戦後補償問題』第八集　ＧＨＱ関連文書集（朝鮮人未払金政策等）、一九九三年、五〇頁

遺族からの陳情書

それから一七年、四人の遺骨は寺に安置されたままでした。遺骨について国と企業の調査が入ったのは一九六四年（昭和三九年）、遺骨の引き渡しを求めて遺族の父親が内閣総理大臣宛に陳情書を提出した翌年のことです。

まさに、日韓会談の第六次会談真っただ中、強制労働などを含む補償問題の具体的討議が進められていたころでした。

一九六三年（昭和三八年）秋、数回[*23]にわたり、死亡した具然錫さんの父親、具聖祖さんは、池田勇人首相（当時）宛に陳情書を提出しました。

開示されている三通の内容はほぼ同じで、次のように書かれています。

日本国政府内

池田首相閣下

陳情書

大韓民国慶尚南道（以下略）

戦死者　都元栄治

（旧名・具然錫）

右者は西紀一九四四年度に貴国大東亜戦争当時徴集に応募し、貴国北海道室蘭市輪西製鉄所指導課第二寮班の掘男氏、山本氏、玉木正義氏の引率下に渡日し、玉木正義氏の指導の下に第五期生運転課に勤務中、西紀一九四五年七月中旬に戦死いたしました。

その当時電報を受けましたが、その後同年八月一五日、大東亜戦休戦条約により今日まで何等の措処がないのは、はなはだ遺憾に存じます。やむを得ず、北海道室蘭市輪西製鉄所の掘男氏、山本氏、玉木正義氏宛に陳情書を提出しましたが、いまだその回答書が到着いたしませんので、右事実を貴官殿において会務ご繁忙中恐縮ですが、直接詳細調査し、死亡者の死亡確認書および遺骨引き渡し方法その他損害賠償金を決定し、即時回答お願いいいたします。

その当時貴国往来いたしました戦死者の友人当地金渭萬に聞知しましたところ、右者の遺骨はその当時火葬に付し、小皿の中に注入し、貴国勤務所付近の某寺に安置したと伝聞いたしております。

右親権者　実父　具聖祖

＊23　一九六三年一〇月一二日と二八日、一一月二二日の陳情書、「太平洋戦争終結による旧日本国籍人の保護引揚関係雑件　朝鮮人関係　遺骨送還関係」外務省外交史料館

日本政府の対応

陳情書を受け、内閣官房内閣参事官室主席内閣参事官は一九六三年（昭和三八年）一二月一七日、厚生大臣官房総務課長宛[*24]に処理を依頼します。しかし、厚生省で処理されることなく、翌年三月四日に、外務省アジア局北東アジア課長に陳情書を回送[*25]し、処理を願い出ます。

在日大韓民国代表部からも、一九六四年（昭和三九年）三月一二日付で、外務省アジア局北東アジア課長宛に、「具然錫の死亡確認調査依頼」が送付されていました。[*26]

外務省は、輪西製鉄所を引き継いだ富士製鉄株式会社に調査を依頼したとみられ、一九六四年五月一五日付で、同社労務部から、外務省アジア局北東アジア課に返答がありました。

富士製鉄からの回答には、一九五三年（昭和二八年）に作成されたという、遺骨の経緯をかなり詳しく説明する資料が添付されていました。[*27]

ところが、外務省アジア局長が一九六四年八月五日に在日大韓民国代表部に送ったとみられる文書の下書きでは、「遺骨については、詳細な事情は明らかではない」と前置きし、

一九四五年一〇月一六日函館港を出帆した第一回韓国人帰還船「信濃丸」に日本製鉄の係員が乗船し、釜山まで捧持したところ、遺族に引き渡すことができず持ち帰り、さらに、一九四六年七月二九日在室蘭米軍司令部に遺骨の本国送還を依頼したところ、同司令部がこれを引き受

けなかったという経緯があり、以来遺骨は、室蘭市輪西町にある光昭寺の骨堂に安置されている。

とのみ回答しています。

そして、具聖祖さんには、八月七日付で、韓国代表部に送ったのと同じ文面に加えて、「遺骨の引き渡しについては、早急に在日韓国代表部と協議する予定でおります」と返答したようです。

さらに、補償金の問題については、

貴国政府より、被徴用韓国人の被害に対する補償全般の問題として、日韓会談に提出されている対日請求要綱の一部に含まれており、現在進行中の第六次日韓会談においても、その問題を含め請求権問題の全面的解決をはかるため、日韓両国政府間に誠意ある話合いが進められております。日本政府としては、これらの問題を日韓会談の請求権問題の解決と切り離して別途

＊24　内閣参総第三四一号、「太平洋戦争終結による旧日本国籍人の保護引揚関係雑件　朝鮮人関係　遺骨送還関係」外務省外交史料館

＊25　庶務第一三三号、「太平洋戦争終結による旧日本国籍人の保護引揚関係雑件　朝鮮人関係　遺骨送還関係」外務省外交史料館

＊26　ＣＫＭ第三号口上書、「太平洋戦争終結による旧日本国籍人の保護引揚関係雑件　朝鮮人関係　遺骨送還関係」外務省外交史料館

＊27　富士製鉄株式会社から外務省北東アジア局長への書簡、「太平洋戦争終結による旧日本国籍人の保護引揚関係雑件　朝鮮人関係　遺骨送還関係」外務省外交史料館

処理する考えはなく、また、この問題は最終的には貴国民該当者と貴国政府との関係において解決せらるべき問題であると考えております。

と、日韓会談の請求権問題を理由に、損害賠償金の支払いを拒否しました。

そして、「日本政府は、一九五一年の日韓会談開始以来今日まで、一二年余にわたり、終始会談の早期妥結に努力して参っていることを申し添えます」とも追記しています。

外務省は、遺骨の引き渡しについて「早急に在日韓国代表部と協議する予定」と書いていますが、実際にどのような協議を行ったのかについては不明です。二〇〇七年（平成一九年）の臨時国会では、「外務省において調査した限りでは、事実関係を把握することができる記録が見当たらない」と答弁しています[*28]。

それから二年経っても、遺骨返還は行われませんでした。日韓基本条約が締結された翌年の一九六六年（昭和四一年）二月二四日、富士製鉄労務課整員課の掛長と課長が、遺骨の件で外務省を訪れています[*29]。

この面談で、富士製鉄は、問い合わせのあった遺体について、遺族と同一姓かどうかの確認、戸籍謄本の取り寄せを依頼し、その他遺体の引き渡しについての指示を求めたようです。外務省は回答すると述べ、また、残る三体についても、本籍地と名前が不明のため、後日連絡することを約束しています。

富士製鉄はさらに、三月一四日付で、労務部長から外務省アジア局長宛に、「韓国人徴用工の遺骨引受人の身元調査についてお願い」の書簡を送付しました。[*30]

> 弊社といたしましては、日韓会談の妥結を機に、本件の解決を期したいと願っており、遺骨引受人の身元及び遺体との身分関係（法律上適正な引受人であるかどうか）が明らかとなりましたならば、引渡しについて相応の努力をし、かつ、その実現を期する所存でございますが、何分にも親権者と名乗るものが引受人たるにふさわしいものか否か判然としない懸念もあり、都元栄治の韓国名さえ確認しかねておるのが実情であります。
>
> つきましては、貴職のお力添えにより、韓国駐在の日本大使館等適当な機関を通じまして、別紙事項につきご調査くださいますれば、まことに幸甚に存じます。

添付された別紙は、「調査の対象となる遺体」「調査依頼事項」「いまだ証明されていない一応の推定事項（参考）」の項目を表でまとめてあります。亡くなった四人の名前と生年月日、本籍地の住所は記されていますが、遺族に関しての情報の多くが「不詳」です。この時点で、富士製鉄は、四人の

*28　第一六八回臨時国会、紙智子議員（共産党）の質問主意書に対する答弁、二〇〇七年一二月二一日　https://www.sangiin.go.jp/japanese/joho1/kousei/syuisyo/168/meisai/m168087.htm

*29　外務省メモ、「太平洋戦争終結による旧日本国籍人の保護引揚関係雑件　朝鮮人関係　遺骨送還関係」外務省外交史料館

*30　労整一六三号、「太平洋戦争終結による旧日本国籍人の保護引揚関係雑件　朝鮮人関係　遺骨送還関係」外務省外交史料館

遺骨の日本式の名前しか把握しておらず、詳細はわからなかったようです。

さらに、三月二一日付で富士製鉄から再び、「韓国人徴用工の遺骨引受人の身元調査について補足説明事項の御連絡」と題された文書が、外務省アジア局長北アジア課長宛に送られています。「具体的に調査に当ってくださる方々に御依頼の趣旨内容を御理解いただくため別紙のとおりまとめました」とあり、「調査御依頼の趣旨（経緯）」と前回三月一四日付の調査依頼と同じ表組の「調査御依頼事項」の二種の別紙が添えられています。

「調査御依頼の趣旨（経緯）」には、「日韓会談の妥結を見た今日、問題となっている都元栄治についてはもちろんのこと、他の遺骨三体についてもその遺族を確認し、全遺骨の引渡しを完了させたい。よって別紙のとおり事実調査をお願いする次第である」と書かれています。

富士製鉄の対応や文面をみる限り、遺骨を返却しようとする誠意がうかがえます。しかし、こうした富士製鉄の依頼に対し、外務省が調査をしたのかは不明です。いずれにしても、この時点で遺骨は返還されていません。

一九七五年（昭和五〇年）二月、犠牲者のひとりの遺族が韓国内で判明し、遺骨が新日本製鉄（一九七〇年に八幡製鉄と富士製鉄が合併してできた会社）社員の手で遺族のもとに返還されたといいます[*31]。

しかし、具然錫さんら三人の遺骨は室蘭市輪西の光昭寺に預けられたままでした。具聖祖さんの願いはかなわず、息子の遺骨を受け取ることなく他界しました。

市民による調査始まる

忘れられていた三体の遺骨の存在が、再び注目されたのは、二〇〇四年（平成一六年）のことです。

前記の具聖祖さんの陳情書、外務省と富士製鉄の書簡などを収録した公文書「太平洋戦争終結による旧日本国籍人の保護引揚関係雑件　朝鮮人関係　遺骨送還関係」を入手した東京の朝鮮人強制連行真相調査団が、その資料を北海道フォーラムに手渡したのがはじまりでした。[＊32]

北海道フォーラムは、二〇〇二年（平成一四年）一二月に本願寺札幌別院で、戦時中北海道で犠牲になった朝鮮人および中国人労働者の遺骨一〇一体の存在が明らかになったのを機に、遺骨問題の解決を目指して結成された市民団体です。

資料などをもとに遺骨の調査をしていたその北海道フォーラムのメンバーが、二〇〇四年六月二一日、光昭寺に残されていた骨箱を開け、遺骨および賃金の明細書などの遺品等を確認しました。[＊33]

韓国では、二〇〇四年二月に制定された「日帝強占下強制動員被害真相糾明等に関する特別法」に基づき、「日帝強占下強制動員被害真相糾明委員会」（以下、真相糾明委員会）が設置され、強制動員

＊31　強制連行・強制労働犠牲者を考える北海道フォーラム「第六回　北海道フォーラム」資料、二〇〇八年二月二四日

＊32　殿平善彦『遺骨　語りかける命の痕跡』かもがわ出版、二〇一三年、二二六～二三六頁

＊33　強制連行・強制労働犠牲者を考える北海道フォーラム「第六回　北海道フォーラム」資料、二〇〇八年二月二四日

（上）10代で命を落とした３人の朝鮮人労働者は、60年以上も経て骨となり祖国へ帰ることに。
（下）安置されていた光昭寺で2008年２月17日に執り行われた追悼式には約130人が参列した。

被害者からの申告を受け付け、その実態調査を行っていました。北海道フォーラムは、真相糾明委員会の協力を得て調査し、三人の遺族が判明しました。

五月二三日、鄭英得《チョン・ヨンドク》さんと李延基《イ・ジョンギ》さんの遺族七人が来道し、室蘭市輪西町の光昭寺に向かいました。そして、光昭寺住職、北海道フォーラム、室蘭市民の立ち会いのもと、六〇年ぶりに遺骨となった肉親との対面を果たしました。

遺族はこのとき泣き崩れましたが、自らの手で遺骨を持ち帰ることを断念しました。真相を究明し、責任の所在を明らかにして、公式な形での遺骨の返還を求めたからです。

市民団体らは、遺族の訴えを受け、日本政府や、日本製鉄の後継企業である新日本製鉄株式会社（当時）に責任ある対応を求め、交渉を重ねました。

二〇〇四年（平成一六年）一二月に開かれた日韓首脳会談において、韓国の盧武鉉《ノ・ムヒョン》大統領（当時）が日本の小泉純一郎首相（当時）に戦時中の民間徴用者の遺骨返還の協力を要請します。二〇〇五年五月に日本と韓国の政府間において、第一回の「朝鮮半島出身旧軍人・軍属及び旧民間徴用者等の遺骨問題に関する日韓協議」が開かれました。[*34] しかし、民間企業に動員された朝鮮人労働者の遺骨返還問題はなかなか進展しませんでした。

遺族が判明して三年経っても、政府および企業による遺骨返還は難航していました。そして遺族の高齢化という現実もあり、公的な返還を望みながらも、三体の遺骨は市民の手で返還されることになりました。二〇〇七年（平成一九年）一一月に室蘭市民が主体の「強制連行犠牲者の遺骨返還を実現する室蘭市民の会」が結成され、遺骨返還の準備が進められました。

新千歳空港の出発ロビーで兄の遺骨を抱きしめる鄭相得さん。

二〇〇八年（平成二〇年）二月一七日、光昭寺で執り行われた追悼式には、鄭英得さんの弟・鄭相得《チョン・サンドク》さん夫妻が来日し、約一三〇人の市民や関係者が参列しました。

追悼法要には、政府および新日本製鉄の関係者の参列はありませんでした。新日本製鉄室蘭製鉄所からは、所長名義で花と、「（故）鄭英得様、（故）李延基様ならびに（故）具然錫様のご霊前に謹んで哀悼の意を表し

＊34 内海愛子、上杉聰、福留範昭『遺骨の戦後　朝鮮人強制動員と日本』岩波ブックレット、二〇〇七年、一九～二〇頁

ます。ご遺骨がご遺族とともに祖国にお帰りになることに際し、御霊のご冥福をお祈りし併せてご遺族の皆様のご健勝を心からお祈りいたします」との弔電が届いただけです。

二〇〇八年二月二六日、鄭相得さんは、「ようやく帰ることができる。八〇代の姉が健在のうちに遺骨を連れて戻ることができ、うれしい」と、兄・鄭英得さんの遺骨を慈しむように胸に抱き、新千歳空港から祖国・韓国に旅立ちました。室蘭の三人の遺骨は、赤平《あかびら》市の宝性寺に安置されていた遺骨とともに、二日後の二月二八日に韓国天安市の国立墓地に埋葬されました。

未払い金のゆくえ

遺骨は返還されましたが、三人が受け取るべき賃金や預貯金、諸手当などは、いまだ日本から戻されていません。室蘭市の寺に預けられていた三体の骨箱には、賃金や退職給付金などの明細書、通帳、空の香典袋などが入っていましたが、現金はありませんでした。北海道フォーラムが試算したところ、ひとり二二〇〇〇〜二五〇〇〇円の未払い金になるそうです。

一九四五年（昭和二〇年）一〇月に遺骨五体を釜山まで運んだ際、「下船に際し一〇〇〇円以上の持込みは進駐軍より阻止」され、「手当金は信濃丸機関長に依頼」とあるように、当時、ＧＨＱの指令で、現金の持ち込み金額が制限され、送金もできませんでした。「第二次大戦中、当時の日本製鉄株式会社輪西製鉄所（現在・富士製鉄株式会社室蘭製鉄所）で約二二五〇名の朝鮮人工員を使役していたが、終戦と同時に整理し、昭和二〇年一〇月から昭和二一年二月にかけて釜山に送還した[*35]」とあり、このときに帰国した人たちも一〇〇〇円しか持ち帰ることができず、未払い分を後で受け取っていないと思われます。

ＧＨＱの公文書から、輪西製鉄所は、五九五人分の朝鮮人労働者の未払い金を小切手で室蘭進駐軍に渡し、それが日本銀行の連合軍預託金口座に移されていたのがわかっています。そのなかに、遺骨となった三人の未払い金も含まれていると考えられます。

輪西製鉄所の未払い金は、なぜＧＨＱに渡ったのでしょうか？　遺骨の経歴と重複しますが、未払い金のゆくえをたどってみます。

前述したように、朝鮮人労働者は、敗戦後に未払い賃金や預貯金、反人道的な不法行為に対する補償を求めて立ち上がりました。

輪西製鉄所では、「二〇年一〇月一〇日の第一回本国送還ごろまで比較的平穏であった朝鮮人労務者は、終戦後になって急激に増加した脱走者の復帰と、港湾荷役に従事していた中国人の暴行等に刺激され[*36]」て暴徒化したとあります。石炭の積出や製鉄の流通拠点である室蘭港は、戦時中、中国人労働者が多く使役されていました。

敗戦後の一九四五年（昭和二〇年）一〇月一二日、室蘭港運株式会社の中国人労働者が、賃金支払いを要求して蜂起し、会社幹部を監禁するという事件が起きました[*37]。

＊35　富士製鉄株式会社から外務省北東アジア局長への書簡、「太平洋戦争終結による旧日本国籍人の保護引揚関係雑件　朝鮮人関係　遺骨送還関係」外務省外交史料館

＊36　富士製鉄株式会社室蘭製鉄所編『室蘭製鉄所五〇年史』、一九五八年、二二一頁

中国人の蜂起に刺激されて、日本製鉄輪西製鉄所の朝鮮人労働者も一〇月一五日に総務部長室に押しかけ、「食糧の増配、特別手当、見舞金の支給その他の諸要求を提出して、不穏な事態」となりました。「一〇月一六日以降月末まで、室蘭警察署長、進駐軍室蘭司令官等の斡旋を受け、室蘭朝鮮人連盟と折衝を重ねて、一応、事件は落着[*38]」します。

室蘭朝鮮人連盟は一〇月一八日に室蘭市母恋《ぼこい》の共楽座で発会式を行っています。室蘭や伊達から約三〇〇〇人の朝鮮人が結集したといいます[*39]。

遺骨返還の項で書きましたが、一九四六年（昭和二一年）二月上旬、北海道朝鮮人援護局の朝鮮人三人が、輪西製鉄所を訪れます。彼らは、逃亡者や一時帰鮮して復帰しなかった人、死亡者などの未払い金に関して、書類作成および金銭の引き渡しを要求しました。これに対し、輪西製鉄所総務部長は書類の作成と提示のみ了承しますが、裏では、北海道庁労務課渉外室その他の意向をうかがっています。その結果、朝鮮人援護局はすでにＧＨＱにより解散させられており、交渉相手ではないとの回答を得ます。そこで、輪西製鉄所はこの三人に、書類の提示はするが金銭は官庁の指示があるまで渡さない、と回答しました。

これに対し、彼らは「朝鮮人の権利を代表する自分等に金銭の引き渡しを拒否するのは不都合なり」と恫喝したため、三月四日に所長室で、室蘭警察署渉外室巡査部長の立ち会いのもと、会社側役員は朝鮮人三人と会談することになりました。そして、「諸支払金は封書小切手で各人郷里の道庁に委託送金をし、各人渡しの処理をする」「逃走者の諸手当金の内、未払い給料は明三月五日現金にて手渡しする」ことで交渉はまとまります。

翌五日午前一〇時ごろ、輪西製鉄所労務課長は彼らに三〇〇〇円を手渡しました。ところが、同日午後、在輪西朝鮮人保護会会長らが三人を拘束。「その不法を難詰し、以後朝鮮人に関する折衝の一切は同保護会にて引き受けることを承認させた」と保護会から経過報告を受けた輪西製鉄所は、「一応事態の進捗を傍観する」ことにしたとあります。

社史では、朝鮮人の補償要求などの問題が終結したのは一九四六年三月だった[*40]とありますが、未払い金の問題はその後も続きました。

四月二〇日、輪西製鉄所の事務員は、未払い金の件で日本銀行函館支店に出張しています。帰国する朝鮮人保護会会長の弟と朝鮮人労働者二人に、諸手当金を委託する手筈《てはず》を整えるためだったようです。しかし、GHQの指令により外国への現金および為替の取り扱いが禁止となり、帰国者に認められた持ち込み金が一人現金一〇〇〇円のみで、委託送金もできないことを知り、輸送は取りやめになったとあります。

その後も、輪西製鉄所は、朝鮮人連盟よりたびたび退職金その他の清算引き渡しを要求されました。

後述しますが、朝鮮人連盟の補償要求の紛争は足尾銅山で一九四五年（昭和二〇年）一一月三日に

＊37　室蘭地方史研究会『室蘭戦災誌　空襲と艦砲射撃の記録』、一九八三年、二五二～二五四頁
＊38　富士製鉄株式会社室蘭製鉄所編『室蘭製鉄所五〇年史』、一九五八年、二二一頁
＊39　朝鮮人強制連行実態調査報告書編集委員会『北海道と朝鮮人労働者　朝鮮人強制連行実態調査報告書』北海道、一九九九年、四一五頁
＊40　富士製鉄株式会社室蘭製鉄所編『室蘭製鉄所五〇年史』、一九五八年、二二一頁

始まり、日本製鉄に対しても、釜石《かまいし》製鉄所、広畑《ひろはた》製鉄所、大阪製鉄所で補償要求を迫りました。[41] 一九四六年（昭和二一年）三月には、GHQが朝鮮人連盟幹部に、不当要求を禁ずるよう言い渡し、それを踏まえて、四月二四日、日本製鉄本社は各鉄鋼所長宛に、朝鮮人連盟は法的代理人とはみなされない、賃金などの委託には応じないこと、と指示しています。[42]

GHQに引き継がれた未払い金問題

こうした状況のなか、処理に苦慮した輪西製鉄所は、七月下旬に未払い金をGHQに引き渡しました。

北海道地区軍政部ヒルドブランド中隊長が第八軍司令部に送った一九四六年八月五日付GHQ文書「朝鮮の資金の件」[43]では、「日本製鉄輪西製鉄所からの小切手を日本銀行札幌支店に入金した」と報告しています。「室蘭の日本製鉄輪西製鉄所で雇用されて帰国した朝鮮人の所持金を含む合計一七万三七九八円四七銭の小切手（九六一号）は、一九四六年七月二七日に安田銀行室蘭支店から発行された」「氏名、住所、内訳金額を明記した名簿原本は、米国陸軍最高司令部の指示が出るまで、当司令部で保管する。これは連合軍預託金口座へ預け入れ可能な資金である」と書かれています。

輪西製鉄所がGHQに未払い金を引き渡した経緯について、ほかにも二つの資料があり、その内容は微妙に異なります。

ひとつは、一九四六年八月一二日付の日本製鉄本社総務部長宛の輪西製鉄所の報告「朝鮮人労務者未払手当金の処理に関し報告の件」[*44]です。

輪西製鉄所は、室蘭朝鮮人連盟からの清算引き渡し要求があり、その処置に腐心していたところ、室蘭進駐軍軍政部が「一切の朝鮮人関係未払金手当金は該軍政部において清算処理する事」を決定したため、GHQに納入したとあります。一九四六年七月二九日午前八時までに内訳書類を添付して納付するという指令は、終戦連絡札幌地方事務局室蘭出張所長を通じて出されました。「軍政部を経て総司令部宛該金を送付朝鮮進駐軍に依託の上夫々《それぞれ》本人に交付する」とあり、輪西製鉄所は七月二九日に、「一七万三七九八円〔原文のママ〕の未払金と遺骨四柱を当該軍政部のバーアー中尉に引き渡した」とされます。

金額の内訳は、退職手当金九万五五五八円、未払い賃金の残金二五二〇円、厚生年金二万七六五九円、組合貯金二万三四五七円、退職積立金四四九〇円、死亡手当七一一四円です。[*45]

＊41　山田昭次・古庄正・樋口雄一『朝鮮人戦時労働動員』岩波書店、二〇〇五年、二三四～二四六頁

＊42　古庄正「日本製鉄株式会社の朝鮮人強制連行と戦後処理――「朝鮮人労働者関係」を主な素材として」駒澤大学経済学論集　第二五巻第一号、一九九三年六月、四六～四七頁、http://repo.komazawa-u.ac.jp/opac/repository/all/10783/KJ00005119841.pdf

＊43　AG（C）五〇九号、日本占領関係資料、国立国会図書館憲政資料室

＊44　古庄正「日本製鉄株式会社の朝鮮人強制連行と戦後処理――「朝鮮人労働者関係」を主な素材として」駒澤大学経済学論集　第二五巻第一号、一九九三年六月、四一～四二頁、http://repo.komazawa-u.ac.jp/opac/repository/all/10783/KJ00005119841.pdf

＊45　古庄正「日本製鉄株式会社の朝鮮人強制連行と戦後処理――「朝鮮人労働者関係」を主な素材として」駒澤大学経済学論集　第二五巻第一号、一九九三年六月、四二頁、http://repo.komazawa-u.ac.jp/opac/repository/all/10783/KJ00005119841.pdf

もうひとつは、一九五三年七月一〇日に作成され、富士製鉄が保管していたという資料[46]です。それによると、七月二九日、「朝鮮人連盟より度々《たびたび》退職金その他の清算引渡しを要求されるのでその処置に腐心し、在室蘭進駐軍司令部にも通達した結果、軍政部司令官ファレン中佐の指示により未払金一切を〇〇〔判読不可〕労務課長が安田銀行の小切手で第一一空挺師団室蘭駐在部隊パァ〔ママ〕ー中尉（「Max H. Powers, First Lieutenant infantry、歩兵中尉」と手書きで加筆）に手交した」となっています。遺骨については、「この時遺骨四体も持っていった」と手書きで添えてあり、前述した通り、遺骨は進駐軍に引き渡してはおらず、持ち帰り、光昭寺に預けています。

輪西製鉄所に未払い金等の回収を指示したのは、室蘭に進駐していた第一一空挺師団第一五二高射砲大隊の司令官ジェームス・H・ファーレン中佐[47]で、労務課長が小切手を渡したのは、第一一空挺師団のマックス・H・パワーズ歩兵中尉だと思われます。

詳しくは後述しますが、GHQは一九四五年（昭和二〇年）一〇月末、韓国に送金することを前提に、北海道の主に炭鉱事業主に朝鮮労働者の未払い金を日本銀行札幌支店に入金するよう指示しています。GHQ自ら、北海道の事業主から未払い金の回収を進めたのは、「最近結成された朝鮮人連盟北海道支部も含まれるが、集会を開くことを許されていても、いまのところ安定した信用に値する組織として確立されていない[48]」からでした。

輪西製鉄所の未払い金を回収した時点で、東京の日本銀行連合軍預託金口座には北海道の炭鉱など二六件分が入金されていました。日本銀行札幌支店に入金された輪西製鉄所の未払い金は、八月六日に、日本銀行連合軍預託金口座に振り込まれました[49]。

このころ、日本政府は、事業主が保管している朝鮮人労働者の賃金などを、各地方の供託所に供託させる検討をしています。日本政府の未払い金の供託は、一九四六年一〇月一二日にはじまり、事業主は供託する際、地方の供託所に名簿などの書類を提出することになっていました。輪西製鉄所は、一一月二五日、道庁長官および室蘭勤労署（職業安定所）署長に進駐軍に移管した経緯ならびに内訳を報告しています。[＊50]

ＧＨＱは輪西製鉄所の未払い金を韓国に送るつもりだったようです。一九四七年一月六日付で民間財政管理局外国為替課から外国資産課宛に、「一七万三七九八円四七銭と同額を、北海道軍政部から届いた各個人の名前と住所が記載されている名簿原本の通り、朝鮮の受給者に支払うよう、駐朝鮮米陸軍第二四軍司令官宛の書簡を準備すべきである」「支払いが終了したらＧＨＱに知らせ、その報告があったらＧＨＱの口座から引き落とす」と通知しています。[＊51]

＊46　富士製鉄株式会社から外務省北東アジア局長への書簡、「太平洋戦争終結による旧日本国籍人の保護引揚関係雑件　朝鮮人関係　遺骨送還関係」外務省外交史料館

＊47　日本製鋼所編『日本製鋼所社史資料　創業より五〇年間の歩み　下巻』、一九六八年、二八一頁

＊48　戦後補償問題研究会編集『戦後補償問題』第八集　ＧＨＱ関連文書集（朝鮮人未払金政策等）、一九九三年、四八頁

＊49　経済科学局から民間財産管理局へのチェックシートに添付された預入金明細表、ファイル番号091B（31 May 1950）ESS/BFE、SCAP YEN CUSTODY ACCOUNT - KOREAN FUNDS、RG331 4066、一九五〇年五月三一日、、米国国立公文書館

＊50　富士製鉄株式会社から外務省北東アジア局長への書簡、「太平洋戦争終結による旧日本国籍人の保護引揚関係雑件　朝鮮人関係　遺骨送還関係」外務省外交史料館

しかし、ＧＨＱは同月二四日に未払い金の朝鮮への送金を中止すると発表しました。輪西製鉄所の未払い金が韓国の家族に支払われた形跡はありません。

この年の一〇月、「日鉄輪西工場では戦時中徴用していた朝鮮人に対する未払給料を朝鮮本国に送金すべく在室蘭進駐軍官憲に斡旋方を依頼し現金も引渡しておったがその後いまだ送金しあらざること判明し行き悩みの状態となっている」として、北海道連絡調整事務局が送金に関する手続等を進めるよう依頼しています。連絡調整中央事務局が大蔵省に照会したところ、次のような取り扱い方針の回答を得ました。

一　日鉄輪西工場は在室蘭進駐軍からその預託した朝鮮人五九五人に対する未払給料総額一七万三七九八円四七銭の返還を受け、これを東京銀行本店にあるThe Government of the Republic of Korea National Distributing Account No 82〈大韓民国の口座〉に払込むこと。

二　右朝鮮人五九五名の氏名、個人別未払給料及び朝鮮における本籍地もしくは家族の住所氏名に関する明細表五部を前項による払込に関する送金取扱銀行の領収証書と共に大蔵省理財局管理課宛に提出すること。

追って本項明細表は朝鮮において受取人に対して支払をなすための資料となるものであるから、この点お含みの上作成されたい。

大蔵省は、東京の日本銀行連合軍預託金口座に預けてある未払い金を、室蘭進駐軍から受け取り、韓国政府の口座に入金するよう指示しています。そして、入金後は韓国の家族に返還するとも述べています。

　このときすでに未払い金の供託が始まっていたにもかかわらず、輪西製鉄所の未払い金は韓国口座に入金するよう指示しています。

　中央事務局は、この回答を北海道連絡調整事務局に通報したとあります。[*52]ところが、輪西製鉄所の資料には、大蔵省の回答についての記述はありません。翌年一九四九年（昭和二四年）一月二八日、北海道連絡調整事務局から「連合国最高司令部経済科学局の指示により朝鮮人に対する未払金の処理方法が連絡あった」と記されています。輪西製鉄所は、その指示に従い、室蘭駐在部隊を訪れましたが、すでに進駐軍が撤退していたため、具体的な方法はとれなかったそうです。[*53]

　輪西製鉄所の分も含む北海道の未払い金の連合軍預託金口座の預け高は、一九四六年三月一一日現在二六三万一四四八円七〇銭で、一九五九年（昭和三四年）九月一六日に大蔵省から東京法務局に供託された金額は二六三万一四四八円です。[*54]輪西製鉄所の未払い金が韓国で支払われ、連合軍預託金口座から差し引かれた記録はありません。

＊51　戦後補償問題研究会編集『戦後補償問題』第八集　GHQ関連文書集（朝鮮人未払金政策等）、一九九三年、七〇頁
＊52　「連絡調整半月報」一九四八年一月二八日付、『日本占領・外交関係資料集』第七巻、一九九一年、二二六頁
＊53　富士製鉄株式会社から外務省北東アジア局長への書簡、「太平洋戦争終結による旧日本国籍人の保護引揚関係雑件　朝鮮人関係　遺骨送還関係」外務省外交史料館
＊54　供託書、昭和三四年度金第八号、供託者・大蔵大臣佐藤栄作、一九五九年九月一六日

第二章　日本製鉄輪西製鉄所の誕生[*1]

製鉄業に適したまち室蘭

北海道の南、太平洋に面して位置する室蘭市は、石炭の産地に近く、良好な港を有していたために明治初期から製鉄業に適した地として認められていました。

室蘭で近代的な製鋼事業がはじまったのは、本格的な官営製鉄所、八幡製鉄所の第一鉱炉に火が入った一九〇一年（明治三四年）二月の六年後、一九〇七年（明治四〇年）のことです。

明治政府による富国強兵・殖産興業の推進で鉄鋼の需要は年々増加したものの、近代的な大規模製鉄所の経営には巨額の資金が必要で、民間企業はなかなか着手できませんでした。国内での製鉄・鋼鉄生産は無きに等しく、海外からの輸入に依存していたのです。

一八八二年（明治一五年）、官営釜石製鉄所で洋式による製鉄作業が始まりますが、わずか二年で廃止となります。一八八四年（明治一七年）、田中長兵衛が払い下げられたその設備の一部で製鉄作業を開始し、苦心の末、二年後に製銑《せいせん》（鉄鉱石から鉄分＝銑鉄《せんてつ》を取り出す工程）に成功し、一八八七年

（明治二〇年）に日本初の民間製鉄所、釜石鉱山田中製鉄所を創立しました。

一八九五年（明治二八年）の日清戦争後に政府が官営製鉄所の設立に本腰を入れます。一八九六年（明治二九年）の帝国議会で官営製鉄所建設費予算が認められ、福岡県八幡《やはた》村に官営八幡製鉄所の設置が決定しました。戦後の大好況で民間製鉄所の新設も相次ぎ、日露戦争の勝利でさらに日本の鉄鋼需要は急増し、近代工業国家へと突き進んでいきます。

ときを同じくして、室蘭でも一九〇七年、日英三社共同出資による日本製鋼所株式会社が創立されました。

三社のうちのひとつは、一八八九年（明治二二年）に設立された北海道炭礦《たんこう》鉄道株式会社です。炭鉱および鉄道事業を目的とした同社は、幌内《ほろない》と幾春別《いくしゅんべつ》の炭鉱の採掘を行うとともに、幌内から岩見沢《いわみざわ》・札幌を経て小樽、そして幌内・幾春別間を結ぶ鉄道を経営していました。その後事業は拡大し、空知・夕張の炭鉱の採掘、両炭鉱を結ぶ鉄道の敷設、空知から岩見沢を経て室蘭にいたる鉄道の開通、さらには、船舶を購入して海上輸送での石炭搬出も手がけました。

＊1　第二章の参考文献

富士製鉄株式会社室蘭製鉄所編『室蘭製鉄所五〇年史』、一九五八年

日本製鉄株式会社史編集委員会編『日本製鉄株式会社史　一九三四－一九五〇』、一九五九年

日本製鋼所編『日本製鋼所社史資料　創業より五〇年間の歩み　上巻』、一九六八年

北海道炭礦汽船の製鉄事業経営

北海道炭礦鉄道の雨宮敬次郎と井上角五郎が念願の製鉄事業経営に乗り出したのは、一九〇六年（明治三九年）。鉄道国有法の制定により北海道炭礦鉄道の鉄道が政府に売却されたときでした。このとき、社名も北海道炭礦汽船株式会社に変更しました。

日本政府は兵器製造優先の国防強化を推進しており、海軍の強い勧めもあって、北海道炭礦汽船は、イギリスのアームストロング社およびビッカース社と共同して製鋼・兵器製造事業に進出します。

その一方で、日本製鋼所の取締役会長に就任した井上角五郎は、自家製コークスと砂鉄による製鉄業を断念できず、一九〇九年（明治四二年）、北海道炭礦汽船輪西製鉄所を室蘭・輪西に建設しました。輪西製鉄所の開設は、釜石・八幡に次ぐ日本第三番目です。

コークスと砂鉄による日本初の製鉄工場

輪西製鉄所は、五〇トン溶鉱炉を備えたコークスと砂鉄による日本初の製鉄工場でした。ほどなくコスト高と不況で生産停止に追い込まれますが、三井財閥がそれを救います。一九一三年（大正二年）、北海道炭礦汽船は三井系列に組み込まれ、三井財閥の強力な資金援助を受けることになり、輪西製鉄所は再開しました。

その四年後、輪西製鉄所は北海道炭礦汽船から分離し、三井鉱山、三井合名、北海道炭礦汽船輪西製鉄所の共同出資による新会社として独立。社名を北海道製鉄株式会社としました。

続く一九一九年（大正八年）、三井財閥は製鉄と製鋼の一本化を図り、傘下にあった日本製鋼所と輪西製鉄所を合併し、日本製鋼所室蘭工業所とします。

しかし、第一次世界大戦後の好況から一転、関東大震災の影響もあり、日本は不景気に陥り、製鋼所も事業合理化を迫られます。一九二四年（大正一三年）二月、三井鉱山、北海道炭礦汽船、日本製鋼所の三社で「輪西製鉄組合」を設立し、その後、日本製鋼所から独立して、一九三一年（昭和六年）一〇月に輪西製鉄株式会社が発足しました。

輪西製鉄所発足の前月、九月一八日の会社創立総会の日に満州事変が勃発。それを転機に鉄鋼の需要は急増することになります。

戦時色が濃くなるにつれて、重要な基幹産業である鉄鋼業は合同化が図られます。製鉄業に関係の深い政治家が内閣に就任した一九三三年（昭和八年）に製鉄合同案が議会を通過し、四月五日に「日本製鉄株式会社法」が公布されました（一九五〇年八月に廃止）。

そして、一九三四年（昭和九年）二月、官営八幡製鉄所、九州製鋼（福岡県）、富士製鋼（神奈川県）、輪西製鉄（北海道）、釜石鉱山（岩手県）、三菱製鉄（韓国・兼二浦《けんじほ》）の一所五社が参加し、日本製鉄株式会社が設立されました。四月には、東洋製鉄（福岡県）が加わります。

日本製鉄は、資本金三億四五九四万円の日本最大の鉄鋼企業で、政府が株式の大半を所有し、監督権、命令権、人事権を持つ国策会社でした。

一九三七年（昭和一二年）の日中戦争は、日本国内の軍需工場を急速に膨張させ、政府の生産力拡充政策は日本製鉄の鉄鋼生産を急増させる契機となりました。

同年八月に「製鉄事業法」が成立し、鉄鋼一貫作業の奨励、原燃料の海外依存の低減などへの助成が積極的に促されることになりました。

国策会社・日本製鉄の拡充計画と輪西製鉄所の生産中止

日本製鉄は設立以来、長期拡充計画を推進します。輪西製鉄所は第三次拡充計画に選定され、銑鋼一貫工場を実現しました。一九三九年、七〇〇トン溶鉱炉を有する仲町第一、第二が完成し、火入れが行われました。さらに、一九四〇年（昭和一五年）には第三溶鉱炉が竣工、一九四二年（昭和一七年）一二月には仲町工場に一五〇トン平炉五基の設置が完了し、作業を開始します。

一九四三年（昭和一八年）六月の閣議で、北海道の国内資源を最大限に利用して増産するという国策が打ち出されます。輪西と釜石の製鉄所の原料を国内産にして、それによって浮いた輸入原料を八幡製鉄所に集中させ、日本製鉄全体としての増産を図ろうというものです。それに対応させるために、七月一九日から二週間にわたり、藤原銀次郎内閣顧問が日本製鉄を視察しました。一九四一年度には海外鉱石を六四％使用していた輪西製鉄所も、一九四三年七月には国内産だけの生産になっていたため、輪西製鉄所の増産に対する期待が大きかったのです。

藤原の輪西製鉄所の視察は七月二四日から二七日まで実施され、他に夕張《ゆうばり》炭鉱や釜石鉱山なども視察しました。その結果、北海道と釜石の鉱石の採掘を増やすことで、海外資源を節減できる見込みがあることがわかりました。

輪西製鉄所が道内石炭をメインに切り替えたことで、石炭の輸送が海運から陸運となり、北海道の鉄道輸送が合理化されました。北海道資源への依存を強めるこの政策は、炭鉱労働者の負担増にもつながったことを意味します。

輪西製鉄所は、一九四五年七月一四日の大空襲と一五日の艦砲射撃で激しい被害を受け、生産が一時的に停止しました。そして、全面的な復旧工事が終了しないまま、八月一五日の敗戦を迎えました。

第三章　戦時体制下の労働のあり方[*1]

生産増進のための国家総動員法

朝鮮人労働者の動員は当初、労働力不足を補うための臨時措置であり、その法的根拠となったのが、一九三八年（昭和一三年）五月に施行された「国家総動員法」です。日本人の経済および労務統制を目的とした法令で、戦争の勝利を目指して重要産業の生産を国家の総力を挙げて増進するために制定されました。この国家総動員法は植民地の朝鮮、台湾、樺太でも施行されました。

日中戦争勃発一カ月後の一九三七年（昭和一二年）八月二四日、「国民精神総動員実施要綱」[*2]が閣議決定し、戦時意識の徹底と戦争協力を国民に教化する国民精神動員運動が開始されます。この運動は、「挙国一致」「尽忠報国」の精神を強め、いかなる事態に展開しても、長期に及んでも、「堅忍持久」して困難を打開する国民の決意を固めることを意図しています。国民の戦意高揚のために標語を掲げ、労務においても、「働け身のため国のため」「無駄を省いて国力を培え」と滅私奉公的な労働を強いました。[*3]

「国家総動員法」を皮切りに、さまざまな統制法が次々に制定され、経済統制が急速に進められていきます。人的資源、物資、生産、金融、労務など経済活動のすべての権限が政府にゆだねられました。

日中戦争で生産力拡充政策が計画され、労働者需要が急増しますが、青壮年男子はすでに兵力に動員されているため、国内産業における労働力不足が深刻化します。その対策として、強権的な労務動員と労務配置という労務統制に関する法律や制度が相次いで施行され、最終的には強制的な徴用の手段にいたることになります。

一九四〇年（昭和一五年）七月、第二次近衛内閣が発足し、「基本国策要綱」[4]を閣議決定します。一〇月には、新体制運動を推進するための組織、大政翼賛会が結成されました。経済政策は、東亜

＊1　第三章の参考文献
法政大学大原社会問題研究所編『太平洋戦争下の労働者状態』東洋経済新報社、一九六四年
『職業安定行政史』第四章、一般財団法人日本職業協会、http://shokugyo-kyokai.or.jp/shiryou/gyouseishi/04-3.html
北海道労働部職業安定課編『北海道職業行政史　本編』日本公共職業安定協会北海道支部、一九五四年、四六二～四六三頁、四六七頁

＊2　石川準吉『国家総動員史　資料編　第四』国家総動員史刊行会、一九七六年、四五二～四五三頁、https://rnavi.ndl.go.jp/politics/entry/bib00143.php

＊3　「国民精神総動員運動」国民精神総動員本部、一九四〇年、二六頁、https://dl.ndl.go.jp/info:ndljp/pid/1062331

＊4　内閣制度百年史編纂委員会『内閣制度百年史　下』内閣官房、一九八五年、二三三～二三四頁、https://rnavi.ndl.go.jp/politics/entry/bib00254.php

共栄圏の樹立と国防国家の確立を目指す方針へと転換し、さらなる生産増強へと突き進むことになります。

労働者の配置といった業務を担当したのは、かつて失業対策の目的で設立された職業紹介所、いまでいうハローワークです。一九三八年に厚生省が設立し、同年七月から職業紹介法が改正され、職業紹介所は国営となります。自由意志に従って行われていた職業紹介が、個人の尊厳などはほとんど顧みない、軍需労働の充足を担当とする機関に転換したのです。職業紹介所は一九四一年（昭和一六年）一月に国民職業指導所と改称され、翌年から内務省に移管されました。府県でも警察部に移されます。一九四四年（昭和一九年）三月には国民勤労動員署と名称が変わります。

「国家総動員法」による労務統制の法令は、一九三八年八月の「学校卒業者使用制限令」から始まります。これにより、指定された工鉱業関係の大学や専門学校などの新規学卒者の雇用人数が割り当てられ、毎年厚生省の許可が必要になりました。

また、軍需生産力の拡充に伴い、特に鉱工業関係の技術者および熟練労働者の需要が急増したため、技術者を積極的に養成して割り当てる勅令も公布されました。一九三九年（昭和一四年）四月に施行された、「学校技能者養成令」と「工場事業場技能者養成令」がそれにあたります。

労働力となる国民の登録

労働者を動員するには、どこにどのような職業能力を持つ人がいるかを把握するのが前提になります。そこで、一九三九年（昭和一四年）一月七日、「国民職業能力申告令」が発令され、国民職業能力登録が実施されました。登録機関は職業紹介所です。この法令は一定の申告義務を課し、違反には罰則が規定されました。当初は特定の技能者のみの登録でしたが、一九四〇年（昭和一五年）一〇月の改定により、未経験で働くことができる人も含める青年国民登録制を実施し、一六歳以上二〇歳未満の男性をすべて登録することになりました。さらに一九四一年（昭和一六年）一〇月の改定で、青壮年国民登録に変わり、一六歳以上四〇歳未満の男性、一六歳以上二五歳未満の未婚女性の登録にまで範囲を拡大しました。

一九三九年一一月には、労働者の就業状況や労務の過不足を正確につかむ目的で、「労務動態調査規則」が制定され、全産業において調査が実施されました。

また、一九四一年一〇月からは、「国民労務手帳法」により、労務手帳制度が実施され、工場や鉱山などに従事する一四歳以上六〇歳未満の一定の技術者および労働者に、政府が交付する国民労務手帳の所持を義務付けました。手帳には、身分、経歴、技能レベル、賃金などが記入され、国民職業指導所に登録させます。この手帳は労働者の移動防止が目的で、勝手に退職しようとしても、事業主が手帳を一年間保管し、転職できない仕組みになっていました。この手帳はまた、国民登録制を補完するものでもありました。

一九三九年四月には、日本初の本格的な賃金統制である「賃金統制令」が実施され、八月から、鉄鉱、石炭、軽金属、造船、航空機の五大重要産業の未経験者の初任給、年齢や地方別の最低賃金などが規定されます。これは、軍需生産のために賃金の高騰を抑え、賃金格差による労働者の移動を防止する目的でしたが、さほど効果が上がらなかったようです。

また、軍需品の生産増強により、長時間労働が慢性化し、労働者の疾病や災害が問題になったため、一九三九年三月には、「工場就業時間制限令」が公布されました。軍需品工場などの就業時間は原則として一日一二時間と定められましたが、時間を削減した分、過重労働となるなど、ほとんど実効性はありませんでした。

企業間での労働者争奪戦

労働者の確保が困難になると、企業間で労働者の争奪戦が激しくなります。そこで、従業員の引き抜きや移動を防止する「従業者雇入制限令」が一九三九年（昭和一四年）四月に公布されました。重化学工業および鉱業の九三職種を指定し、そこで働く一六歳以上五〇歳未満の一定条件の男性は、原則として職業紹介所長の認可がなければ他に移動できなくなりました。

その後、一般労働者の移動が増えたため、一九四〇年（昭和一五年）一一月には、「従業者雇入制限令」を「従業者移動防止令」に改め、転職や退職などといった移動の防止がさらに強化されました。適用対象も、軍需工場をはじめとする重要な工場や事業場に雇用されるすべての職工および鉱夫に拡張し、年齢を一四歳以上六〇歳未満の男性に拡げました。

また、若者の労働力を軍需産業で最大限に活用するために、一九四〇年二月には、「青少年雇入制限令」を制定し、文化芸術、観光といった不急産業への青少年の雇い入れを制限しました。職業紹介所長の認可がなければ、一二歳以上三〇歳未満の男性と一二歳以上二〇歳未満の女性を雇用できなくしたのです。

強制的に働かせる国民徴用令

強制的に徴用して業務に従事させる「国民徴用令」は、一九三九年七月に閣議決定します。軍隊の出す召集令状「赤紙召集」に対して徴用令書は「白紙召集」と呼ばれ、恐れられていました、徴用令書を受け取った人は、指定された工場などへの従事を義務付けられたからです。徴用令書を発行するのは国民勤労動員署でした。

当初は、募集方式で所要の人員が得られない場合のみ、国民職業能力の登録者を対象に行われましたが、一九四〇年一〇月の改定で、登録者以外の人も徴用できることになり、業務の範囲も拡大しました。この「国民徴用令」の閣議決定を受けて「第一次労務動員計画」が策定され、朝鮮人労働者の「移入」も初めて組み入れられます。

戦況を乗り切るには、食糧確保も重要な課題になります。一九四一年（昭和一六年）一月、農作物生産の国策として、「人口政策確立要綱」が発表され、農村人口を四割に定めました。この要綱により、これまでのように重産業の労働力に農村からの徴用が期待できなくなります。

国民皆労体制の確立

一九四一年八月には、「労務緊急対策要綱」[*5]が閣議決定され、全国民が一致団結する労務動員態勢を整備し、人的資源の最大限の活用が図られ、国民皆労体制が確立しました。これにより、国民勤労動員が強化され、労務配置の規制、徴用、勤労報国隊などが急ピッチで進められます。

二月には、労働条件の適正化を目的とした「重要事業場労務管理令」[*6]が公布されました。指定された工場や事業場の就業規則や給料規定、「重要事業場従業員教養計画記載例」[*7]に則って作成する教養訓練計画などは、厚生大臣の認可が必要になります。さらに、工場や事業場ごとに労務監理官を配置して、指導監督にあたらせることになりました。

この年の一二月八日、日本軍の真珠湾攻撃で太平洋戦争へ突入し、軍隊への動員の激増に伴い労働者の減少が顕著になります。

重要産業はどこも労働者の増員を要請し、枯渇する技術者の熾烈な争奪戦が繰り広げられる事態になりました。そこで、一九四二年(昭和一七年)一月に、「青少年雇入制限令」と「従業員移動防止令」を一本化した「労務需給調整令」が実施されます。厚生大臣の指定する重要な工場・事業場の従業者は、国民職業指導所長の認可を受けなければ、自由な転職や退職が不可能になり、雇主の勝手な解雇もできなくなりました。

戦局が緊迫してくると、労働力不足を補うために、勤労奉仕として一般国民が広く動員されるようになります。一九四一年一一月制定の「国民勤労報国協力令」では、一四歳以上四〇歳未満の男性、一四歳以上二五歳未満の未婚女性による勤労奉仕隊の編成を全国的に義務化しました。年三〇日以内の協力を半強制的に課すというもので、職場や団体単位に国民勤労報国隊が組織され、無報酬で軍需工場や鉱山、農業などの労働につかせました。勤労奉仕隊は、いわゆるボランティアを義務付け、国の軍需産業に強制的に参加させる仕組みといえます。

戦局の悪化にともなう統制

一九四二年（昭和一七年）六月、ミッドウェー海戦、翌年のガダルカナル島の戦いと敗戦が続き、日本の戦局は急激に悪化します。政府は軍需産業に膨大な補償金を交付しましたが、原料や資材、労働力などが逼迫し、生産力は低下の一途をたどります。苦境を打破するべく、さらなる統制が図られることになりました。

＊5　公文別録・内閣（企画院上申書類）・昭和一五年～昭和一八年・第二巻・昭和一六年、https://www.digital.archives.go.jp/das/image/M0000000000001698444

＊6　「重要事業場労務管理令」御署名原本、昭和一七年、勅令第一〇六号、https://www.digital.archives.go.jp/DAS/meta/listPhoto?LANG=default&BID=F0000000000000040302&ID=&NO=&TYPE=PDF&DL.TYPE=pdf

＊7　厚生省労働局編「重要事業場労務管理令運用方針」日本経済連盟、一九四二年、五六～六五頁、http://dl.ndl.go.jp/info:ndljp/pid/1058456?tocOpened=1

一九四三年（昭和一八年）三月、軍需物資の増産のために「戦時行政特例法」が発動されます。鉄鋼、石炭、軽金属、造船、航空機の五重点産業に関しては、指揮系統を内閣総理大臣のもとに一元化しました。

一一月には、軍需生産増強に向けて、商工省と企画院の国家総動員部門を統合した軍需省が創設され、国家が直接軍需生産の管理、統制をすることになりました。一二月に「軍需会社法」を制定し、翌年一月から軍需会社の指定を行いました。

一九四四年（昭和一九年）に入ると、軍需生産増加のための緊急対策が次々ととられましたが、秋ごろには軍需産業の労働力不足が極めて深刻化し、生産量の低落へと向かいます。

一一月に、徴用制度と勤務管理の刷新強化、勤労の重点的配置の強化徹底を掲げる「緊急国民勤労動員方策要綱」が閣議決定されます。これによって以後、国民全体の強制的勤労徴用がますます進んでいきます。

八月施行の「改正国民徴用令」では、「国家の要請に基づいて緊要に総動員する必要がある場合に徴用を行う」と国家性を明確にしました。「軍需会社法」の第六条により、厚生大臣が指定する軍需会社の従業員は、一部を除いて、徴用労働者とみなされることになりました。徴用には、職業や職場を強制的に転換させる「新規徴用」（一般徴用）と、従来の職場の従業員がそのまま徴用される「現員徴用」の二種類ありました。

国民登録制度は、一九四三年一二月から男性の適用範囲が一六歳以上四五歳未満に改定され、一九四四年二月には、「国民職業能力申告令」の改正で、技能者登録と青壮年国民登録が一元化されて、一二歳以上六〇歳未満の男性、一二歳以上四〇歳未満の未婚女性までが適用となりました。これにより、学校在学者および女性も勤労動員の対象になることが決まりました。

一九四三年九月には「女子勤労動員の促進に関する件」が決定し、女性でも代用可能な一七の職種について、一四歳以上四〇歳未満の男性の就業が制限または禁止されます。この時期から、女性の勤労動員が積極的に行われていきます。男性の就業を制限または禁止された職種については、市町村長、町内会、婦人団体などにより「女子挺身隊」を自主的に結成させ、軍需工場などに動員しました。一九四四年（昭和一九年）八月、「女子挺身勤労令」の施行で法的根拠を与え、一一月には「労務調整令」改正により、女性の軍需工場への徴用が強化されました。対象は原則として、一四歳以上四〇歳未満の国民登録者でしたが、それ以外の女性も必要に応じて徴用できることになったのです。

学徒動員、勤労報国隊の制定

軍需工場の労働力不足を補うため、一六歳以下の学徒勤労動員も加速します。一九四三年六月に閣議決定した「学徒戦時動員体制確立要綱」では、学徒動員を教育錬成の一環として組み入れます。

一九四四年一月には「緊急学徒勤労動員方策要綱」が閣議決定し、学校単位で特定の工場や事業所に、学徒の団体を送り込む計画を立てました。さらに、二月には、「決戦非常措置要綱」が閣議決定し、全国の中等学校以上の生徒は四月半ばごろから、次々と学校を離れて軍需工場へ動員されました。七月になると、中等学校三年生以上の男女に夜勤をさせ、八月に施行された「学徒勤労令」では、動員期間を二カ月以内から一年以内に延長し、一九四四年に入ると、授業を停止して学徒を総動員する措置を断行します。

国民皆労体制のもとで制定された勤労報国隊は、一九四三年七月から、男性は一四歳以上五〇歳未満とし、期間も現行の二倍の六〇日以内に拡張しました。

戦局が劣勢になるなか、長時間労働が黙認され、労働環境は極度に悪化していきます。一九四三年六月からは、「工場就業時間制限令」が撤廃され、一六歳以上の男性は一日一二時間という一九三九年（昭和一四年）に設けられた規制は効力を失いました。

一九四四年（昭和一九年）三月には、上司が部下を統轄する軍隊式組織の導入、勤労者の養成や訓練の強化、生活指導などを規定した「勤労昂揚方策要綱」が閣議決定し、八月には、官庁職員を、重要軍需生産、特に航空機の緊急増産に動員することを認める勅令を発しました。

一九四五年（昭和二〇年）三月、「国民徴用令」「労務調整令」「学校卒業者使用制限令」「国民勤労報国協力令」「女子挺身勤労令」を一本化した「国民勤労動員令」が制定されます。本土決戦に備え、労働力を根こそぎ動員し、空襲時の要員を確保しなければならなくなったのです。同時に、防空および空襲被害の復旧などに全国民を動員する目的で、職域あるいは地域ごとに国民義勇隊を組織することが決定しました。

五月、「国民勤労動員令」に基づき、「戦時要員緊急要務令」が制定されました。軍需生産・運輸・通信・土木建築・生活必需物資の補給など国家総動員に必要な業務に従事する最小限度の要員を確保するためでした。

しかし、兵力への動員がさらに激増し、軍需品も食糧も満足に生産できない状況に陥ります。

労務統制にともなう日本製鉄の対応

鉄鋼業は五大重要産業のひとつであり、日本製鉄も例外なく、政府による増産を図る経済統制と労働力を確保する労務統制に沿って、労務問題に対処していきました。

順調に発展をとげた日本製鉄ですが、一九三八年（昭和一三年）ごろから労働力の確保が困難になり始めます。日本製鉄輪西製鉄所も労働力不足の状況にあり、「養成工募集、資格満年齢二〇歳より三五歳まで、高等小学校以上中等卒可……詳細は附近の職業紹介所に問い合せ申し込みのこと」といった求人広告を新聞に常時掲載していました。

日本製鉄輪西製鉄所や日本鋼鉄所室蘭製作所は、一九三八年五月に制定された陸軍の工場監督に関する勅令「重要工場事業場管理令」で指定された工場だったため、北海道庁は、「北海道地方軍需労務傭員充足取扱要領」に従い、優先的に募集を促進しました。[*8]

募集区域を東北六県および関東地方の一部にまで拡げるなどした結果、日本製鉄輪西製鉄所の充足数は、一九三六年（昭和一一年）一二月末当時の一〇六〇人が、一九四五年（昭和二〇年）二月末には一万一一二二人と、約一一倍に増加しました。

＊8　朝鮮人強制連行実態調査報告書編集委員会『北海道と朝鮮人労働者　朝鮮人強制連行実態調査報告書』北海道、一九九九年、八頁

一九三九年（昭和一四年）一月、「国民職業能力申告令」に従い、日本製鉄輪西製鉄所でも国民登録制を実施します。さらに、四月制定の「従業者雇入制限令」、翌年一一月施行の「従事者移動防止令」により、職場の移動の制限や防止の強化が図られました。[9]

日本製鉄は同年四月一日に、国民精神総動員の主旨に則り、「一、天業翼賛、一、職務精励、一、親和協同」の三カ条からなる、戦時体制下における労働の基本的精神を明示する社是を制定しました。そして、日本製鉄本社および各製鉄所に産業報国会が結成されていきます。[10]

輪西製鉄所でも、四月に産業報国輪和会の発会式を挙行し、社是および綱領、規約等を定めています。

また、日本製鉄輪西製鉄所は、一九四一年（昭和一六年）五月に工場訓を制定し、激増した従業員の生産意欲向上を図っていきます。一九四一年と翌四二年には、二カ月にわたり、職員および役付き工員全員が軍事訓練を受けました。

一九四一年九月一日、「重要産業団体令」が施行され、鉄鋼、石炭、鉱山、土木建築産業の統制会が設立されています。同年四月設立の鉄鋼統制会は、一九三八年（昭和一三年）二月に商工省内に設置された、鉄鋼需給計画のための最高決定機関、鉄鋼統制協議会が改組されたものです。[11]鉄鋼統制会の核となったのは日本製鉄でした。統制会は、原料・配給・価格の面で漸次統制を強めていきます。[12]

直接国の指導・監督下に置かれた日本製鉄

一九四二年（昭和一七年）二月に交付された「重要事業場労務管理令」により、日本製鉄の八幡製鉄所、輪西製鉄所を含む各作業所は、直接商工省や厚生省の指導監督を受けることになり、労務管理の面からも国策との関係が強化されます。

四月には、日本製鉄の八幡と広畑の二つの製鉄所で、鉄鋼業としては初の労働者の強制徴用を実施しました。徴用割り当ては八幡製鉄所が五〇〇人、広畑製鉄所が四五〇人でした[*13]。

この年から翌年にかけて、日本製鉄では、労働力の確保にあらゆる方策を講じます。輪西製鉄所でも徴用を実施しましたが、それでも予定の労働者を完全に充足しえなかったため、朝鮮人労働者の集団移入を開始します。

六月三〇日から七月二日にかけては、日本製鉄特務室担当重役による社内業務視察が、輪西製鉄所から順次、各作業所に対して行われました。これらの業務視察は業務監察規程（のちの監察事務処理要領）に基づき、現場の実情を的確に把握し、生産における問題点の打開に本社が協力して邁進

＊9　富士製鉄株式会社室蘭製鉄所編『室蘭製鉄所五〇年史』、一九五八年、一九七〜一九八頁
＊10　日本製鉄株式会社史編集委員会編『日本製鉄株式会社史　一九三四－一九五〇』、一九五九年、六八三頁
＊11　富士製鉄株式会社室蘭製鉄所編『室蘭製鉄所五〇年史』、一九五八年、一九六〜一九八頁
＊12　日本製鉄株式会社史編集委員会編『日本製鉄株式会社史　一九三四－一九五〇』、一九五九年、一二一頁
＊13　日本製鉄株式会社史編集委員会編『日本製鉄株式会社史　一九三四－一九五〇』、一九五九年、六八五頁

するのが、その主な狙いでした。[*14]

鉄鋼統制会会員のなかで重要事業管理令の初の指定工場となった日本製鉄八幡製鉄所は、従業員教養計画[*15]を立案し、厚生省の認可を得ました。政府の方針に即応したその計画案は、錬成会に重点を置いた訓練教養の実施方法を示し、「入社直後少なくとも五日間行を中心とする錬成会を開催し皇国産業戦士としての基礎訓練を行うこと」が明記されています。

一九四三年（昭和一八年）一月には、商工省、陸軍省、海軍省、企画院、鉄鋼統制会の代表が各地の生産現場に派遣されることになり、輪西製鉄所には一月一七日、商工次官一行が視察に訪れました。[*16]

「軍需会社法」の施行を受け、一九四四年一月一七日に、日本製鉄は軍需会社として第一次指定されます。八幡、輪西、釜石、富士、大阪、広畑の各製鉄所は、労務管理において同法の規制を全面的に受けることになりました。[*17] 日本製鉄輪西製鉄所の全従業員に徴用令書が適用され、従業員の移動が全面的に禁止されました。[*18] この「国民徴用令」は朝鮮人労働者にも適用され、つまり、「軍需会社法」施行以前に、募集や官斡旋で日本に連れてこられた朝鮮人労働者も、徴用とみなされることになりました。

労務管理が統制される一方で、軍需会社は資金、資材、労務などの面で特別に優遇され、利潤の保証、補助金の交付、損失の補塡の権限を与えられました。軍需会社に指定された日本製鉄の売上高、純利益、利益率は、日中戦争開始後に上昇の一途をたどっていきます。[*19]

一九四四年（昭和一九年）に入ると、軍隊に召集される数が急激に増加し、同年度における日本製鉄各作業所における召集者の平均比率は、在籍労働者の約二五％に達しました。これに比例して、全作業所における朝鮮人労働者を含む特殊労働者数も、普通の工員に対し二〇％を占めるまでに増えていきます。

一九四五年（昭和二〇年）になると、日本製鉄では、新規の労働者が著しく涸渇し、原料不足などの事情で休廃止となった工場の従業員を配置転換して対応するしか手立てがない状況でした。[*20]日本製鉄輪西製鉄所では、一九四五年七月に職域国民義勇隊が編成され、「あらゆる事態に対応して戦力補給の任務をまっとうし、生産即防衛に任ずることに」なりました。[*21]

しかし、同月、室蘭は米軍の艦砲射撃を受け、八月の敗戦を迎えます。

＊14　日本製鉄株式会社史編集委員会編『日本製鉄株式会社史　一九三四－一九五〇』、一九五九年、一五二頁
＊15　『鉄鋼統制』第二巻第一〇号、鉄鋼統制会、一九四二年一〇月、七五〜七九頁
＊16　日本製鉄株式会社史編集委員会編『日本製鉄株式会社史　一九三四－一九五〇』、一九五九年、一五二頁
＊17　日本製鉄株式会社史編集委員会編『日本製鉄株式会社史　一九三四－一九五〇』、一九五九年、六八八頁
＊18　富士製鉄株式会社室蘭製鉄所編『室蘭製鉄所五〇年史』、一九五八年、一九七頁
＊19　古庄正「日本製鉄株式会社の朝鮮人強制連行と戦後処理――「朝鮮人労働者関係」を主な素材として」駒澤大学経済学論集　第二五巻第一号、一九九六年六月、八頁、http://repo.komazawa-u.ac.jp/opac/repository/all/10783/KJ00005119841.pdf
＊20　日本製鉄株式会社史編集委員会編『日本製鉄株式会社史　一九三四－一九五〇』、一九五九年、六八八〜六九〇頁
＊21　富士製鉄株式会社室蘭製鉄所編『室蘭製鉄所五〇年史』、一九五八年、一九七頁

第四章　朝鮮人労働者の集団移入計画[*1]

国策としての労働力移入

朝鮮人労働者の移入は、一九三九年(昭和一四年)七月に始まります。

一九三七年(昭和一二年)七月の満州事変以降、日本の労働力は極度に不足し、特に石炭鉱山業界は労働力の充足が緊急課題でした。石炭鉱業連合会は、同年秋に商工大臣への陳情書で、朝鮮からの労働者雇い入れを要請しましたが、内務省や朝鮮総督府の反対もあり、実現しませんでした[*2]。同年末、石炭鉱業からの要望を受け、内務省社会局長官の名で地方長官宛に発せられた通牒には、「日本在住の無職の朝鮮人労務者をできるだけ石炭山に紹介すること」との記載があったといいます[*3]。

しかし、国内での人材確保は極めて厳しく、朝鮮人労働者は労働力不足解消の一翼として、石炭、鉱山、土木建築といった重要産業部門に割り当てられることになりました。労務動員計画による朝鮮人労働者の移入は国策であり、そのため、募集や輸送方法、雇用条件などは厳格に統制されました。

開始時の朝鮮人労働者の募集は「自由募集」でしたが、一九四二年二月からは朝鮮総督府が斡旋して動員させる「官斡旋」に改変されます。さらに、一九四四年九月からは国民徴用令が適用され、法的強制による「徴用」が本格化します。

朝鮮人労働者の集団移入は、まず石炭、鉱山、土木建築部門で導入されました。その後、重化学工業でも検討され、「朝鮮人労務者活用に関する方策」により一九四二年から鉄鋼業などにも認められることになりました。

＊1　第四章の参考文献

朝鮮人強制連行実態調査報告書編集委員会『北海道と朝鮮人労働者　朝鮮人強制連行実態調査報告書』北海道、一九九九年、四二～八〇頁

法政大学大原社会問題研究所編『太平洋戦争下の労働者状態』東洋経済新報社、一九六四年、五～一九頁、三〇～三三頁

朝鮮人強制連行真相調査団編『朝鮮人強制連行強制労働の記録　北海道・千島・樺太篇』現代史出版会、一九七四年

山田昭次・古庄正・樋口雄一『朝鮮人戦時労働動員』岩波書店、二〇〇五年

前田一『特殊労務者の労務管理』山海堂、一九四三年

＊2　山田昭次「朝鮮人強制労働の歴史的前提——筑豊炭田を主な事例として」『在日朝鮮人史研究』第一七号、朝鮮人強制連行実態調査報告書編集委員会『北海道と朝鮮人労働者　朝鮮人強制連行実態調査報告書』北海道、一九九九年、四頁

＊3　前田一『特殊労務者の労務管理』山海堂、一九四三年、一五頁

第一次労務動員計画と募集

労務動員実施計画は、緊急重要産業に指定された軍需産業、生産力拡充産業および付帯産業などに労働者を割り当てるというものです。ただ、この時点ではまだ、徴用の実施は望ましくないものとされていました。

一九三九年（昭和一四年）七月四日、「昭和一四年度労務動員実施計画綱領」、いわゆる第一次労務動員計画で初めて朝鮮人の動員が組み込まれました。

第一回目は、石炭、鉱山、土木建築産業に限定して始まりました。雇用主の代理人は、九月中旬、遅くとも一〇月下旬には朝鮮に出張し、募集を開始していたといいます。

第一次労務動員計画（一九三九年七月四日閣議決定）
需要一〇九万五〇〇〇人に対し、一一三万九〇〇〇人の割り当てを計画。労働力の主な供給源は、小学校卒業者四一%、農村労働者二二・五%、無業者一二%、企業の調整可能な労働者一七%、朝鮮人労働者七・五%（八万五〇〇〇人）。

この閣議決定を受け、七月二九日、厚生省と内務省が各地方長官宛に、「朝鮮人労務者の内地移入に関する方針」および「募集要綱」を伝え、続いて三一日、「要綱取扱いに関する細目」が通達されました。朝鮮側では、方針および募集要綱に基づいて「朝鮮人労務者募集並渡航取扱要綱」を定め、九月一日付で朝鮮総督府政務総監から各道知事宛に、また総督府警察局長から各道警務部長宛に通達されました。

募集とはいっても、朝鮮総督府、警察、職業紹介所、協和会（後述）などの監視下のもと、募集地域、契約期間、輸送方法、皇民化教育、労働および生活状況報告義務といった厳格な統制が課された大規模集団募集だったのです。

募集方法は、厚生省の割り当てに基づき、事業主が朝鮮総督府から許可を受け、指定地域で自由に集団的に労働者を集めます。募集条件は、〝思想堅実、身元確実、身体強健〟であり、できるだけ日本語を理解していることでした。条件にふさわしい〝優秀〟な人と認定するのは、所轄警察署長です。

募集の手続は極めて煩雑でした。

厚生省から朝鮮人労働者の募集割り当てを受けた石炭、鉱山、土木建築などの事業主はまず、「朝鮮人労働者募集雇入願」とその写し五部を作成し、就業地を管轄する職業紹介所に提出します。

願書は、事業主の詳細、募集理由、事業所所在地、従業員数、作業内容、募集希望人員、朝鮮の募集区域および募集期間と募集方法、引率および保護方法、朝鮮人労働者の就業時間や休日などに関する事項、賃金やその支給方法および生活費などの負担方法、制裁の有無、住宅および訓練所設備の状況、福利施設および指導方法、雇用期間や解雇に関する事項、負傷・疾病・死亡の際の扶助救済方法など、一五項目にのぼる詳細な記載が必要でした。

願書を受理した職業紹介所は、写しを警察署と府県庁に送り、府県の長官が願書を審査し、支障がなければ、厚生大臣宛に進達します。厚生大臣は内務大臣と協議の上、雇用主の雇い入れ許可数を決定し、地方長官に許可指令を下します。許可指令は朝鮮総督府宛にも通知します。

雇用主は、朝鮮総督府側の「朝鮮人労務者募集並渡航取扱要綱」と朝鮮総督府令第六号「労務者募集取扱要綱」に基づき、雇入契約書や使用願書なども提出する必要がありました。それが受理されたら、朝鮮総督府が指定する募集地域の道知事[*4]に対し、正式な募集許可申請を行います。道知事は募集人数などに関して朝鮮総督府から承諾を得て、その上で雇用主に募集許可を与えます。

こうした手続きを経て、雇用主は、朝鮮総督府の指定する地域で、そこを管轄する警察署長が認定した者だけを募集できることになります。

各事業主は労働者の募集に責任を持ち、身体検査、身許検査、応募者名簿の作成といった必要な作業を完了しなければなりません。

引率に関しては、雇用主または代理者が担当し、朝鮮人の居住地から就業地までの渡航費用は、雇用主の負担とされました。

募集地を出るときは、応募者名簿と輸送方法を記載した届け出を所轄警察署長に提出します。渡航の際には、出発の三日前までに乗船地の所轄警察署長に、出航スケジュールと応募者名簿などを提示して渡航の査証を受けます。

朝鮮からの輸送ルートは、陸路と海路の二つあり、釜山《ふざん》（プサン）か麗水《れいすい》（ヨス）の港から下関を経由して日本国内の鉄道で輸送するルートと、釜山、麗水、元山《げんざん》（ウォンサン）の各港から船舶で直接就業地に近い港まで輸送するルートがありました。

日本到着の二日前には、下船地および就業地を管轄する警察署長や職業紹介所などに、渡航者名簿と旅行日程を報告しなければなりませんでした。

朝鮮人労働者が事業場に到着したら、雇用主は就業地を管轄する警察署や職業紹介所、協和会に労働者の名簿を提出します。そして朝鮮人労働者の移動や負傷・疾病・死亡については、就業地を管轄する警察署長や職業紹介所長、関係協和会にすぐに通知しなければならず、解雇に関しても警察署長の承認を必要としました。また、毎月末時点の移住朝鮮人の労働状況、賃金実態、生活状況を地方長官に報告することも義務づけられました。

雇用主は、労働者の訓練と保護指導も命じられます。「朝鮮人労働者と日本人労働者との間にできる限り差別がないようにするとともに、福利施設についても十分配慮すること」「朝鮮人労働者はすべて雇用主の直営による合宿所に収容する」「訓練期間は三カ月」「特に生活に必要とする額以外は貯蓄すること」と処遇や金銭の扱い方まで具体的に規定されていました。

朝鮮人労働者の訓練や生活指導にあたったのは協和会です。協和会は、在日朝鮮人の管理などの目的で一九二〇年代に大阪や神奈川、兵庫で結成されました。一九三六年には国家予算をつけてその事業の整備拡充が図られ、さらに朝鮮人労働者の集団動員で、協和会の管理および統制は強化されます。日本に連れてこられた朝鮮人労働者は全員、協和会に強制加入させられ、つねに会員証を所持することを義務づけられていました。[*5]

＊4　日本統治期の朝鮮の行政区画は、朝鮮全土が一三の「道」に区画され、「道」には日本の「市」に相当する「府」と「郡」「島」があり、「郡」の下には日本の「町」にあたる「邑」や「村」にあたる「面」があった。

一九三九年（昭和一四年）年六月には中央協和会が設立され、全国各地に協和会が作られました。会長には知事が、理事には府県の社会課長や特別高等警察課長らが就任しました。一九四〇年末には樺太を含む各道府県に四七の協和会が設置され、その支部数は一〇四三を数えました。[*6]

第二次・第三次の労務動員計画

第二次以降の労務動員計画は次の通りです。

第二次労務動員計画（一九四〇年六月に閣議決定）
需要一四七万人に対し、一五四万人の割り当てを計画。供給源は、小・中学校卒業者五一％、無業者二〇％、農村労働者一三％、企業の調整可能な労働者一〇％、朝鮮人労働者六％（八万八〇〇〇人）。

第三次労務動員計画（一九四一年九月に閣議決定）
需要二二一万二〇〇〇人に対し、二五二万二〇〇〇人の割り当てを算定。重点的な配置先は、軍需産業、生産力拡充産業、運輸通信業、国防土木建築業、特に重要工場および事業場。供給源は、不急産業労働者（演劇・飲食・娯楽分野の従業者、米穀店や小売業の店員など）の転業者六五％、小・中学校卒業者二三％、無業者八％、朝鮮人労働者四％（八万一〇〇〇人）。

短期間に大勢の労働者を確保する募集は、早々に行き詰まります。雇用主は、日本の国民職業指導所に申請書を提出してから、朝鮮の道当局による募集許可の決定までにかなりの日数がかかるために、半年待たなければならない場合もあったといいます。また、同一地域に数多くの事業所が押しかけるため、各社が競争になるなど、さまざまな弊害が生じました。

　朝鮮内の募集体制が徹底していなかったのも、募集がはかどらなかった一因です。朝鮮では日本政府による兵站基地化が推し進められており、朝鮮内の労働者ですら逼迫する状態だったのです。朝鮮総督府は一九四〇年（昭和一五年）一月一一日、朝鮮職業紹介令を新たに公布し、同月二〇日に朝鮮の六府に国営職業紹介所を設置して、朝鮮人労働者の集団募集機関を整えます。

　一九四一年（昭和一六年）一二月、太平洋戦争の開始で労働動員が強化され、動員の範囲を拡大します。日本国内で労働力を確保するのは極めて難しく、朝鮮人労働者の動員が一段と重要になりました。一回目の募集から二年経ち、多くの労働者が一九四二年（昭和一七年）秋に契約期間の満了を迎えるという事情もありました。

　募集ではじまった朝鮮人労働者の移入は、一九四二年二月二〇日から官斡旋の動員に変更されます。

＊5　朝鮮人強制連行真相調査団編『朝鮮人強制連行強制労働の記録　北海道・千島・樺太篇』現代史出版会、一九七四年、七〇頁

＊6　中央協和会「財団法人中央協和会要覧」一九四〇年、一四～三二頁、四三～四六頁、https://dl.ndl.go.jp/info:ndljp/pid/1459853

官斡旋――朝鮮総督府による労働者集め

官斡旋動員は、朝鮮総督府の斡旋で労働者を集め、各出身地別に隊組織を編成して日本に渡航させるという方式です。同時に、契約更新を奨励し、朝鮮人労働者を長期的労力と位置づける方針も確立しました。

一九四二年二月閣議決定の「朝鮮人労務者活用に関する方策」に基づく官斡旋方式は、一七歳から二五歳の男性を選抜し、現地で隊組織を編成して訓練し、その隊組織のまま日本国内の工場に就労させ、二年間を契約期限として朝鮮に帰らせるというものでした。

募集業務は、一九四一年六月に設立された朝鮮労務協会との連携で行われました。朝鮮労務協会は、朝鮮総督府内に本部、道庁内に支部を置き、職業紹介所がある府には職業紹介所内に、その他の府・郡・島には各庁内に分会を設置しました。雇用主は、出発地までの雑費を計上した金額として一人当たり一一円の募集費用を朝鮮労務協会に納付します。

雇用主の手続きはかなり簡略化されました。まず、日本の府県庁に「朝鮮人労務者移入雇用願」を申請し、許可を得ます。次に、朝鮮総督府に「朝鮮人労務者斡旋申請書」を提出し、承認を求めます。

朝鮮労務協会本部は、朝鮮総督府が指示した募集地域の道支部に通知し、道は所轄の職業紹介所および郡・島を通して、府・邑・面において割り当てを決めます。そして、指令された募集条件に従って所定の日に応募者を集合させ、健康や身元などを厳重に検査し、選定します。選考の立ち会いや引率は、雇用主から派遣された労務補導員が行いました。

選考された人は、地元で一定期間訓練を受けた後、移入労働者とみなされます。そして、五～一〇人で一組、二～四組で一班にまとめられ、さらに五班前後で一隊にして、隊長その他の隊幹部を決めます。府・郡または島の出発地で、この隊組織が雇用主側に引き継がれ、日本に向けて渡航します。

石炭統制会、鉱山統制会、鉄鋼統制会、日本土木建築統制組合の四団体の渡航は、一九四二年（昭和一七年）七月一日から計画輸送に変わります。朝鮮総督府労務課が東亜旅行社朝鮮支部に一括して申し込み、合理的かつ組織的に輸送が実施されるようになりました。

官斡旋方式では、石炭、鉱山、鉄鋼、土木建築の統制会が朝鮮に事務所を開設し、募集などの事務手続を行うことが認められました。一九四二年（昭和一七年）二月七日付「労務動員実施計画による朝鮮人労務者の内地移入斡旋要綱」の第二項二に、「必要あるときは事業主の所属である関係産業団体の職員を朝鮮に駐在させて手続の代行その他労務者の斡旋に関し事業主を代理し朝鮮総督府および関係各道との連絡に当たらせてもよい」と定められます。

そこで、各統制会は、京城《けいじょう》（キョンソン）と釜山に労務部出張所を設置し、各事業主に代わって募集地域割り当て人員や日程などについて朝鮮当局との折衝にあたりました。これら各統制会と朝鮮労務協会、そして東亜旅行社が三位一体となり、募集および輸送の円滑化を図ったのです。

日本に到着後の就労については、訓練期間が変更になっただけで、ほかはこれまで通りとされました。三カ月だった特定訓練期間は、道場訓練六カ月、一般訓練一年半に延長し、特定の場所で規律ある訓練を行うことになりました。

第四次・第五次の国民動員計画

労務動員計画は、第四次から国民動員計画に改称され、軍需産業、生産拡充産業およびその付帯産業、生活必需品産業、運輸通信業、国防土木建築業、農業および水産業が優先的な割り当ての対象になりました。この回から鉄鋼業も朝鮮人労働者の集団移入が認められ、日本に居住している中国人、朝鮮人、俘虜《ふりょ》、囚人も動員計画に組み込まれていきます。

第四次国民動員計画（一九四二年五月に閣議決定）
需要と割り当ては同数の一九六万八〇〇〇人。供給源は、小・中学校卒業者四四％、転業者四〇％、無業者五％、農村労働者五％、朝鮮人労働者六％（一二万人）。

第五次国民動員計画（一九四三年五月に閣議決定）
動員計画数は二三九万六〇〇〇人。最優先は、鉄鋼、石炭、軽金属、造船、航空機の五大重要産業。現役労働者の配置転換三六％、小・中学校卒業者および在校生四一％、無業者一一％、農村労働者三％、朝鮮人労働者五％（一二万人）、日本在住の朝鮮人労働者二％（五万人）。

国民徴用令による朝鮮人労働者連行

戦争が苛烈化し、軍隊への大規模な召集などを穴埋めするため、動員計画数は激増します。軍需産業への配置先は前年度の二倍以上、国防土木建築業は四倍に増加し、朝鮮人および中国人の移入も急激に増加しました。

もはや官斡旋では間に合わなくなり、ついに「徴用」という強行手段に出ます。一九四四年（昭和一九年）九月、「国民徴用令」が適用され、朝鮮人労働者の動員方法も徴用方式になりました。「国民徴用令」は朝鮮人労働者全員に適用されたのではなく、官斡旋も並行して行われました。

徴用方式に変更される前年の一九四三年一二月から、軍需会社に指定された企業で働く労働者は「現員徴用」とみなされたため、募集や官斡旋で日本に移入されて軍需会社法の指定事業場に就業した朝鮮人の大部分も、「現員徴用」の対象者であり、「徴用」というとらえ方ができます。「現員徴用」とは、従来の職場の従業員がそのままで「徴用」されることです。

第六次国民動員計画（一九四四年）

動員計画数は四五四万二〇〇〇人。優先順位は、航空機、造船、軍需品、石炭、原材料の生産、運輸、国防土木建築。供給源は、現役労働者の配置転換一七％、在校生四五％、小・中学校卒業者二四％、女性無業者六％、農村労働者一％未満、朝鮮人労働者六％（二九万人）、日本在住

一　の中国人労働者三万人。

「国民徴用令」の手続きは、厚生省と関係官庁との協議で事業場の割り当て数を算出し、徴用を認められた事業主は、地方長官の指示の下、徴用申請書を朝鮮総督府に提出するというものです。朝鮮総督府は徴用人員と乗船予定日を決めて、道知事に徴用命令を発します。道知事は府・郡・島および事業所別の徴用人員を決定し、徴用命令書を交付し、被徴用者名簿を日本の地方長官に通知します。

輸送は、総督府から東亜交通公社に一括で申し込むという従来通りの計画輸送でした。乗船地までは道・府・島・邑・面の職員が引率し、釜山または麗水の渡航保護事務所で、事業主か代理人に引き継ぎます。

徴用を拒否すれば、「国家総動員法」第三六条により一年以下の懲役または一〇〇〇円以下の罰金に処されます。一方で、朝鮮に残された困窮家族への援助、そして家族を有する被徴用者への家族手当または別居手当といった労務援護対策が講じられることになりました。援護費は三分の二が国家補助、三分の一が事業主負担で、この措置は、官斡旋による朝鮮人労働者などにも適用されました。

このころになると一層、納得の上での応募では予定数に達しなくなり、朝鮮人をかき集める暴力的な方法が激化します。

敗戦の年の一九四五年度は、労働力の新規供給源がまったく見込めなかったため、年間動員計画は策定されませんでした。

第五章　日本にきた朝鮮人労働者の状況

朝鮮人労働者の移入状況

朝鮮人労働者の第一回目の募集地域は、旱害《かんがい》被災者の救済を名目とし、大旱魃《だいかんばつ》の被災地である京畿道《けいきどう》（キョンギド）、忠清南道《ちゅうせいなんどう》（チュンチョンナムド）、忠清北道《ちゅうせいほくどう》（チュンチョンプクト）、全羅南道《ぜんらなんどう》（チョルラナムド）、全羅北道《ぜんらほくどう》（チョルラプクト）、慶尚南道《けいしょうなんどう》（キョンサンナムド）、慶尚北道《けいしょうほくどう》（キョンサンプクト）の七道が割り当てられました。そうした事情もあり、少なくない数の希望者がいたともいわれています。しかし、募集成績は良好とはいえず、一回目の充足率は五割を切りました。

初期の朝鮮人労働者の動員は募集だったため、「金稼ぎに自分から来たのであり、強制連行ではない」との見方もありますが、数値を見る限り、金儲けができる、飛びつきたくなるほど魅力的な職だったとはいえません。

最初の募集で朝鮮人を雇用した炭鉱事業者からは、「戸籍と実際の年齢と相違するものが多数あり」「募集地での説明と山元の就業条件に相違を訴える者多し」といった感想があり、その後の逃走

朝鮮人労働者の移入計画数と移入実数　（単位：人）

年度	移入計画数	承認数	移入実数	充足率
1939	85,000	58,134	38,700	46%
1940	88,800	71,695	54,944	62%
1941	81,000	77,071	53,482	66%
1942	120,000	121,320	96,010	80%

厚生省健民局「第84回帝国議会関係（健保局）・第二冊」、1942年、206頁より作成、
https://www.digital.archives.go.jp/das/image/M0000000000000414412

移入朝鮮人労働者の業種別移入実数（1939～1942年）　（単位：人）

年度	石炭山		金属山		土木建築		工場その他		合計	
	実数	%	実数	%	実数	%	実数	%	移入実数	%
1939	24,279	63	5,042	13	9,379	24			38,700	100
1940	35,431	64	8,069	15	9,898	18	1,546	3	54,944	100
1941	32,099	60	8,988	17	9,540	18	2,855	5	53,482	100
1942	64,950	68	7,620	8	13,130	14	10,310	11	96,010	100
計	156,759	64	29,719	12	41,947	17	14,711	6	243,136	100

厚生省健民局「第84回帝国議会関係（健保局）・第二冊」、1942年、208頁より作成、
https://www.digital.archives.go.jp/das/image/M0000000000000414412
※1942年の「工場その他」のうち、鉄鋼は8,340人

の理由に、「募集条件の相違による不満」が挙げられていることからも、募集とはいえ、朝鮮人労働者側と雇用主側の間に大きな齟齬《そご》があったことがわかります[*1]。

官斡旋方式に変わった一九四二年（昭和一七年）には、充足率は八割に達しましたが、逃亡などが多く、前年一九四一年の減《げん》耗《こう》率が八六・五％にのぼったため、相殺されています。一九三九年（昭和一四年）度から一九四二年度の移入計画数三七万四八〇〇人に対し、移入

実数は二四万三一三六人で、充足率は六五％です。移入実数から減耗数一三万六五八〇人（一九三九年～一九四二年一二月末）を差し引くと、三四％の充足率でしかありません。[*2]

また、一九四四年（昭和一九年）に北九州に派遣された渡邊豊日子（朝鮮重要物資営団理事長）は、「朝鮮人労働者として向うに行っております者の中で、これは北九州に限ったことでありますが、仮に二〇万とすれば、その中の七万だけが言葉の全解者であります。半解が七万、残りの七万、三分の一が全く言葉を解しないのであります。こういう人は普通ならば向うに参らないのでありましょうが、時局下労務不足からこのような人々も参っておるのであります。実に気の毒な人達であります[*3]」と機関誌に投稿しており、丁寧な選定の規定に反し、朝鮮人労働者を根こそぎ集めた実態の一端がうかがえます。

動員が多かった北海道の状況

終戦までの朝鮮人労働者の動員総数は七〇万～八〇万人といわれています。[*4]

＊1　前田一『特殊労務者の労務管理』山海堂、一九四三年、一三四頁、一七三頁
＊2　「第一〇章　協和事業」、厚生省健民局「第八四回帝国議会関係（健保局）・第二冊」、一九四二年、二一三～二一四頁、https://www.digital.archives.go.jp/das/image/M0000000000000041412
＊3　『朝鮮総督府月報』一九四四年八月号、朝鮮総督府、二一～四頁
＊4　朝鮮人強制連行実態調査報告書編集委員会『北海道と朝鮮人労働者　朝鮮人強制連行実態調査報告書』北海道、一九九九年、九四頁

主な朝鮮人労働者の移入先（1943年1月現在）

（単位：人）

道県	移入実数	現在数
福岡県	76,528	32,483
北海道	61,241	34,636
長崎県	17,596	9,943
福島県	11,591	4,876
佐賀県	11,233	5,430
山口県	8,893	2,996
静岡県	5,400	2,086
長野県	5,273	1,535

厚生省健民局「第84回帝国議会関係（健保局）・第二冊」、1942年、210～211頁より作成、https://www.digital.archives.go.jp/das/image/M0000000000000414412
※1939年度移入開始後、1945年1月末までに5,000人以上移入した道県

北海道職業紹介所における一般職業紹介状況

（単位：人）

年度	求人数	求職数	就職数	充足率
1936年	132,895	86,434	65,668	49.4%
1937年	207,727	99,719	63,668	30.6%
1938年	267,877	104,742	65,162	24.3%
1939年	311,992	119,130	90,145	28.9%
1940年	249,312	113,251	95,645	38.4%

北海タイムス社調査部編『北海タイムス年鑑　昭和17年版』、1940～1941年、266頁より作成

その産業別比率は、一九三九年（昭和一四年）度〜一九四二年（昭和一七年）度は、石炭山六四％、金属山一二％、土木建築一七％、工場その他六％でしたが、[5]敗戦までの全期間では、石炭山四七・七％、金属山一一・三％、土木建築一六・一％、工場その他が二四・九％に変化しています。[6]

福岡県に次いで朝鮮人労働者の動員が多かった北海道では、炭鉱で働く朝鮮人労働者数が圧倒的で、一九四五年（昭和二〇年）六月末現在の北海道の炭鉱の労働者数九万二四六人のうち、四一・二％にあたる三万七一七一人が朝鮮人です。[7]坑内の重筋労働に従事させられていた朝鮮人労働者は、全国平均の六二・三％に比べ、北海道は八〇％以上となっています。[8]

能力については、「私が調査いたしました所は主に炭坑でありますが、日本人の労働者の能率はほとんど差がないのであります。それは周知のように内地においては壮丁《そうてい》（成年に達した男子）という壮丁は総て戦場に出て残っているところの者は一線に行かない人々であります。朝鮮から向うに参っている人々は徴兵制が布されたならば勇ましく第一に入営すべき人が相当おります。そういう関係もありますが、大体において能率相伯仲しています」[9]との記述があります。

＊5　厚生省健民局「第八四回帝国議会関係（健保局）・第二冊」、一九四二年、二〇八頁、https://www.digital.archives.go.jp/das/image/M0000000000000414412
＊6　朝鮮人強制連行実態調査報告書編集委員会『北海道と朝鮮人労働者　朝鮮人強制連行実態調査報告書』北海道、一九九九年、九七頁
＊7　朝鮮人強制連行実態調査報告書編集委員会『北海道と朝鮮人労働者　朝鮮人強制連行実態調査報告書』北海道、一九九九年、一〇二頁
＊8　朝鮮人強制連行実態調査報告書編集委員会『北海道と朝鮮人労働者　朝鮮人強制連行実態調査報告書』北海道、一九九九年、二四二頁

北海道の産業別一般職業紹介状況　1938年・1939年　（単位：人）

産業別	1938年			1939年		
	求人数	就職数	充足率	求人数	就職数	充足率
工鉱業	99,995	10,613	10.6％	70,007	14,865	21.2％
土木建築業	36,288	6,357	17.5％	57,557	10,576	18.4％
商業	10,065	2,610	25.9％	10,415	2,126	20.4％
農林業	24,118	4,690	19.4％	35,698	20,624	57.8％
水産業	74,036	33,189	44.8％	99,540	33,752	33.9％
通信運搬業	10,573	2,734	25.9％	12,850	3,344	26.0％
戸内使用人	7,110	2,471	34.8％	6,060	2,012	33.2％
雑業	5,691	2,487	43.7％	10,034	2,845	28.4％
合　計	267,876	65,151	24.3％	302,161	90,144	29.8％

北海道労働部職業安定課編『北海道職業行政史』、日本公共職業安定協会北海道支部、1954年、454〜455頁より作成

もともと北海道は道外から多数の労働力を供給していたため、戦時の産業拡大に伴う労働力の需要にまったく追いつかず、労働者不足は深刻でした。日中戦争勃発の翌年一九三八年（昭和一三年）の工鉱業の充足率は一割ほどでしかなく、土木建築業の充足率は二年連続二割にも満たない状況です。[*10]

朝鮮人労働者の移入が始まった後でも、北海道はあいかわらず労働力不足が解決されませんでした。

一九三九年の第一次労務動員計画における北海道の朝鮮人労働者の雇い入れ承認総数は一万八五四六人で、一万五八一六人を雇い入れ、充足率は八五％と好成績でした。

ところが、翌年度は、一万六二〇〇人の雇い入れ承認総数に対し、雇い入れ総数は九六七八人で、充足率は六〇％に低下しています。その理由として、「雇い入れ時期が遅延したこと」

「日本人と朝鮮人との在籍比率において、朝鮮人の在籍が相当限度に達したので雇入を手控えたこと」「朝鮮現地の労務給源が漸く涸渇したこと」などが挙げられ、「朝鮮人労務者といえども、これが充足が相当困難となりつつある状況を如実に示している」と『北海タイムス』は伝えています。

また、「朝鮮人労務者の移入等万全の措置を講じているが、全国的に労力不足なこと、本道人口の希薄なこと、地理的条件に恵まれぬこと、坑内地下作業であること等のために労務確保はすこぶる困難で各山とも労力不足に悩んでいる」と炭鉱労働者の実情も報じています。[*11]

北海道への朝鮮人労働者の集団移入は、一九三九年（昭和一四年）一〇月三日、島谷汽船所属の長成丸による三四〇人の函館入港に始まります。一〇月五日には小樽港に労働者第二陣五一二人が到着。一〇月七日、北海道炭礦汽船（北炭）が募集した総勢三九八人の朝鮮人労働者が室蘭に上陸し、北炭夕張炭鉱に二〇〇人、北炭平和炭鉱に一〇二人、北炭空知炭鉱に九六人が入山しました。[*12]

北海道への輸送ルートとして函館港もかなり利用されていたらしく、北海道協和会（後述）は、函館経由で北海道に入ってくる朝鮮人の激増に鑑み、一九四〇年（昭和一五年）一〇月に函館に北海道協和会出張所を開設しています。[*13]

*9　『朝鮮総督府月報』一九四四年八月号、朝鮮総督府、二～四頁
*10　北海道労働部職業安定課編『北海道職業行政史』日本公共職業安定協会北海道支部、一九五四年、四五四～四五五頁
*11　北海タイムス社調査部編『北海タイムス年鑑　昭和一七年版』、一九四〇～一九四一年、二六七～二六八頁
*12　朝鮮人強制連行実態調査報告書編集委員会『北海道と朝鮮人労働者　朝鮮人強制連行実態調査報告書』北海道、一九九九年、一一一頁

＊13　北海タイムス社調査部編『北海タイムス年鑑　昭和一七年版』、一九四〇～一九四一年、二六四頁

第六章　軍需産業に組み込まれた朝鮮人労働者

鉄鋼中心の軍需産業への移入

一九四四年（昭和一九年）年度から、鉄鋼部門を中心とする軍需産業への朝鮮人労働者の動員数が一気に高まりました。全国の業種別比率が大きく変わり、同年度移入数のうち工場その他が四六・五％に急増し、逆に石炭山は三〇・七％と下がり、土木建築は一一・九％、金属山は一〇・九％でした。[＊1]

鉄鋼業界では、朝鮮人労働者を「訓練工員」と呼び、「一七歳以上二五歳未満で国民学校を修了し、国語が話せ、かつ独身者」と条件を定め、「各社において移入後一カ月から三カ月の集中訓練を施して後、就労させて就労後も随時訓練を続け」、即戦力として活用することとしました。[＊2]

＊1　朝鮮人強制連行実態調査報告書編集委員会『北海道と朝鮮人労働者　朝鮮人強制連行実態調査報告書』北海道、一九九九年、九七頁

＊2　『鉄鋼統制』第三巻第五号、鉄鋼統制会、一九四三年五月、七九頁

当時の鉄鋼業界は、「労務者の充足が最近ますます困難になりつつあることは言うまでもないが、これには員数を揃えることが難しいばかりでなく、いわゆる労務者の素質、体力、技術等の低下があり、これを考慮しつつ充足対策を立てねばならず、採用後においても労務管理の上に従来より一層の努力をしなくてはならなくなった」といった状況でした。鉄鋼統制会の機関誌『鉄鋼統制』（一九四三年五月）に掲載された「鉄鋼労務の概貌」[*3]でその実態の一部がわかります。

鉄鋼労働者は移動が激しく、充足人数を満たす雇い入れがあっても、辞める人が多いのが特徴です。重筋作業かつ熱間作業のため、ほかの産業と比べて引き留めるのが難しいのです。雇い入れに対する退職率は、一九四一年（昭和一六年）一二月が八一・二％、一九四二年（昭和一七年）一月が一〇六・二％、二月が一〇六・九％、三月が九九・三％と高く、四月は四一・九％に下がりますが、夏場の七月は九〇・八％、八月は七六・一％に上がっています。最も少ない月は三六・九％の五月で、一九四二年の平均は六二・三％です。

一九四二年（昭和一七年）六〜七月の在籍労働者の年齢構成は、三〇歳以上の男子が四三・〇％と半数近いのですが、一方の退職者は低年齢層に多く、独身通勤者、勤続年数一年未満にその傾向があります。退職者は年齢別に、一四〜一九歳が二〇・三％、二〇〜二四歳が二五・二％、二五〜二九歳が二二・九％、三〇歳以上が三一・六％で、独身者の退職率は五八・六％、そのうち寄宿舎住まいが一五・二％、その他が四三・四％でした。

勤続期間別の退職率は、一年未満が四六・二％。一九四二年一〇月三一日当時の在籍労働者の勤続年別比率は、一年未満が二二・一％、二年未満が一五・〇％、三年未満が一五・七％で、三年以上働く人は五割に満たず、五年以上の勤続年数者は二七・五%でしかありません。

鉄鋼業における労働者の充足率は、一九四二年度第一期は六七%だったのが、第二期は三九・一%と落ち込みました。この年の三月から鉄鋼業に朝鮮人労働者が動員され、第四次動員計画で軍需産業への割り当てが優先されたこともあり、第三期は八九・〇%まで上昇し、第三期の一〇月以降は一〇八・〇%にまで達しました。

鉄鋼統制会の関与

朝鮮人労働者の鉄鋼業への割り当ては、官斡旋方式に変更された一九四二年から実施されます。
鉄鋼統制会は、朝鮮人労働者が鉄鋼業界に割り当てられる前年の一九四一年(昭和一六年)一〇月三一日と一一月一日の労務委員会で、「朝鮮人労務者使用に関する件」について協議しています。[*4]
同年一二月二四日の「朝鮮人労務者移入希望の関係会社募集打ち合わせ会」では、二〇社二五工場が朝鮮人労働者の雇用を希望しました。その後、正式に雇い入れを願い出たのは一五社一九工場(翌年三月時点で一八工場)でした。[*5]
一九四二年二月には、鉄鋼統制会の労務課長と係員が朝鮮に出張し、朝鮮総督府および関係地方

*3『鉄鋼統制』第三巻第五号、鉄鋼統制会、一九四三年五月、七七～八三頁
*4『鉄鋼統制』第一巻第六号、鉄鋼統制会、一九四一年一一月、六六頁
*5『鉄鋼統制』第二巻第二号、鉄鋼統制会、一九四二年二月、六三頁

庁に斡旋を依頼しています。その朝鮮での折衝経過を報告し、今後の措置を打ち合わせるための会合が、同年三月三日と九日に開催されました。

　この会議で鉄鋼関係会社一五社一八工場のうち、次の一〇社一二工場の朝鮮での募集地域が決定しました。

日本製鉄株式会社　八幡製鉄所：慶尚北道――達城、慶山、義城、金泉
　同　輪西製鉄所：慶尚南道
日本鋼管株式会社　川崎製鉄所：京畿道
　同　扇町製鉄所：京畿道
株式会社中山鉄鋼所　尼崎工場：慶尚北道――青松
日亜製鋼株式会社　尼崎工場：慶尚北道――達城
株式会社宮製鋼所　本社工場：慶尚北道――安東
徳山鉄鈑株式会社　徳山工場：忠清南道
東洋鋼鈑株式会社　下松工場：慶尚南道
日本特殊鋼管株式会社　砂町製鋼所：慶尚北道――英陽
株式会社内外製鋼所　船堀工場：慶尚北道――永川
日本鉱業株式会社　本社工場：慶尚南道

関係会社の現地補導員がそれぞれ出張して活動することになり、その連絡業務のために、鉄鋼統制会係員の朝鮮常駐が決まりました。[*6]

官斡旋では、石炭、鉱山、鉄鋼、土木建築の統制会が募集などの事務手続を行うことが認められ、各統制会は朝鮮に事務所を開設し、現地に職員を駐在させて、朝鮮総督府との折衝にあたりました。

鉄鋼統制会が京城事務所を開設

鉄鋼統制会は、四月一日、京城に鉄鋼統制会朝鮮支部を開設し、朝鮮人労働者移入業務を開始しました。[*7] 事務所は、日本製鉄株式会社京城事務所内に設置されました。

この年の九月一一日には、陸海軍、商工、厚生各省関係官も参加し、鉄鋼統制会の第五回労務委員会を開催しています。議題の二つは「朝鮮人労務者の移入計画に関する件」および「朝鮮人労務者の労務管理に関する件」で、その他、「一般労務者の割当改善および充足促進に関する件」「国民学校新規卒業者採用に関する件」「生活必需物資に関する件」などについて報告、議論されました。そして、各省庁から発言があり、朝鮮人労働者に関して、企画院から「朝鮮人の季節労務」について、厚生省職業局から「本年度朝鮮人労務者移入許可方針並びに朝鮮人の逃走防止についての業者側の注

＊6『鉄鋼統制』第二巻第四号、鉄鋼統制会、一九四二年四月、七三頁
＊7『鉄鋼統制』第二巻第五号、鉄鋼統制会、一九四二年五月、七二〜七四頁
＊8『鉄鋼統制』第二巻第一一号、鉄鋼統制会、一九四二年一一月、七九頁

意すべき点」について説明がありました。[*8]

鉄鋼業の朝鮮人労働者の「稼働率」は高く、「工場方面における訓練工（鉄鋼業界の呼称）稼働率は各工場共特別の事故のなき限り九〇％を降《くだ》る所なき現状」で、優良工場においては常時九五～九七％の稼働率を示していました。そのため、某事業場では、動員された朝鮮人労働者が加わった結果、従前から稼働していた一般朝鮮人労働者の稼働率を急激に増加させただけでなく、日本人労働者の稼働率もこれに刺激を受けて若干上昇するという好結果を示したといいます。[*9]

＊9　厚生省健民局「第八四回帝国議会関係（健保局）・第二冊」、一九四二年、二〇八頁、三一一～三一二頁、https://www.digital.archives.go.jp/das/image/M0000000000000414412

第七章　朝鮮人労働者はどのように管理されたか

朝鮮人のことをよく知らなかった日本人

朝鮮人労働者をはじめて集団で雇い入れた民間企業は、言語、習俗、生活、思想が異なる労働者の受け入れ体制が整っていなかったため当初から困惑しました。「朝鮮人労働者の管理は炭鉱労務の試金石[*1]」といわれるほどでした。

その当時、「一般日本人は朝鮮および朝鮮人に対する認識が乏しいようだ」と記述されており、そもそも朝鮮人についてよく知る日本人はそれほどいなかったのです。

朝鮮総督府機関誌『朝鮮』にも、「内地においては労務が極めて欠乏しておりますために、事業主という事業主、工場という工場は、今日朝鮮人労務者がいかに貴重なるものかということをよく理解しております。朝鮮の労務者なくしては内地の事業場、工場は動かないのであります。しかしな

＊1　楠原祖一郎『北海道朝鮮労務者協和訓練施設実施の概要』、一九四三年、三〇頁、三三頁、http://dl.ndl.go.jp/info:ndljp/pid/1439585

がら残念なことにはそれを知っておるのは事業主あるいは工場の持主を除いてはほんの一部の有識者で、国民の大多数は知らないのであります[*2]」と解説しています。

朝鮮人労働者の移入開始から三、四年過ぎたころには、朝鮮人労働者の労務管理に関する指南書なども発行されました。たとえば、北海道炭礦汽船の労務係だった前田一が自らの経験を元にして書いた『特殊労務者の労務管理』（一九四三年）、土木建築業の鹿島組の労務部の『朝鮮人労務者の管理に就て』（一九四二年）[*3]、楠原祖一郎の視察報告書『北海道朝鮮労務者協和訓練施設実施の概要』（一九四三年）などです。

これまで外国人労働者を雇った経験がなかった事業主は、さまざまな困難に直面し、失敗の連続だったようです。

一九三九年（昭和一四年）に朝鮮人労働者を雇い入れた炭鉱職員たちは、「作業用語、生活用語集の『パンフレット』を作り各自に配布されたい」「班長、通訳の人選粗漏のきらいあり、この良否は作業場甚大の影響あり」「難解の名前多きゆえ鑑札にふり仮名を附することを要す」「なんべんも繰り返し教えることが肝要である」「威厳と温情とをもって朝鮮人を統制する力のある係員が一名くらい現場に必要だ」「若い班長は統制力に乏しい」「民族的侮蔑感を与える言葉などは絶対に言わぬこと」「内地人先山は苦労が多いので朝鮮人の後山を悦ばぬ風あり[*4]」といった意見がみられます。

朝鮮人労働者側も労務管理に大きな不満を感じていました。某炭鉱で行われた一九四二年（昭和一七年）度の調査によると、「生活必需品の配給が円滑ではなく満腹感が得られない」というのが一番で、続いて、「賃金が安く生活難」「言葉の解らないこと、係員の言葉が荒いこと」「自由行動が許されない」[5]といった苦情がならびます。

炭鉱や土木建築業などは、事務所に常駐する労務管理者と、実際に朝鮮人労働者と働く現場作業員との意思疎通も十分ではなかったようです。朝鮮人を雇った経験者からは、「賃金統制令の趣旨を労務係においてよく徹底させないと現場で困ることがある」との意見や、「朝鮮人日誌を作成して現場と労務と連絡をとると効果的だ」[6]「労務と現場との連絡には通訳を活用する以外に、労務管理の現場浸透の目的をもって、毎月三回くらい連絡懇談会を開くこと」[7]という提案がなされています。

文化の違い、朝鮮人の「長所短所」

文化の違いについては、「朝鮮民族の歴史社会文化、民族性、民情風俗等を知り、彼らの特性特質に応じた技術的考慮をなされなければならない」としています。

「歴史の風俗、習慣、言語を異にする朝鮮人労務者の管理は日本人労務者の管理とは自ら選を異

*2 『朝鮮総督府月報』一九四四年八月号、朝鮮総督府、二頁〜四頁
*3 鹿島組労務部編『朝鮮人労務者の管理に就て』、一九四二年、http://dl.ndl.go.jp/info:ndljp/pid/1707257
*4 前田一『特殊労務者の労務管理』山海堂、一九四三年、一七三〜一七五頁
*5 前田一『特殊労務者の労務管理』山海堂、一九四三年、一三五〜一三六頁
*6 前田一『特殊労務者の労務管理』山海堂、一九四三年、一七五頁
*7 楠原祖一郎『北海道朝鮮労務者協和訓練施設実施の概要』、一九四三年、三八頁、http://dl.ndl.go.jp/info:ndljp/pid/1439585

にするところである」「朝鮮人労務管理の特異性を認識すると共に細心の注意をもって個々の観察を行い、個別指導を心掛ける」「差別観念を去り、温い気持、親心をもって明朗に接触する」「彼らに民族的優越感をもって臨むことや、独善的な指導は慎まなければならない」としながらも、「常に厳正なる態度を持し、信賞必罰をもって臨み対手をして絶対信頼服従させるのを肝要とする[*8]」「優越感《うぬぼれ》を捨て扶助と友愛とをもって臨め、信頼は信頼を生む」「親んでも馴るるな、そして愛の鞭と涙の折檻を忘るるなかれ[*9]」と釘を刺しています。

「これまで朝鮮人労務管理の失敗を繰返しました原因につきましては、いろいろの議論もあるところですが、直接その世話をする管理者が朝鮮人の性質、特質を良くのみ込む前に、『朝鮮人はどうしても管理しにくい民族である』と頭から思いこんでかかることと、日本人一般の気持ちとしまして余りに潔癖《きちょうめん》すぎると同時に目先の成功を収めるのに性急である点に原因があるのではないかと思われるのであります[*10]」と日本側の反省点も挙げています。

しかし、『北海道朝鮮労務者協和訓練施設実施の概要』にある「長所短所とその対策」では、長所一一点に対し、短所を倍以上の二六点挙げ、長所でさえ、「親孝行は孔子の教えからきた美しい風習だが、よく偽って朝鮮に帰る理由とする場合がある」「祖先崇拝という美風を、朝鮮に帰らせないでもなんとか失わせないように管理者が心がけなければならない」「親兄弟、同僚に同情心が深いが、このために却ってしばしば外部との争いを起こすことがある。また、日本国内に縁故者などがある場合には、そこに逃走するという例がよくあるため、常に通信《てがみ》や交通などに注意が必要」など、否定的な視点で書かれています。

また、「民族問題に関して団結心強し」を短所に挙げ、「これに対しては相当重大なる関心《こころがまえ》を必要とするところであり、彼らを蔑むような言葉や態度は絶対に慎むことが大切で、同僚の一人が辱められたために、多勢の者が一緒になって行動する場合がよくあるため、充分注意を要する」と指摘しています。

さらに、「彼らの妻になれなれしく言葉をかけるなどは慎むべきことで、これが原因で思わぬ面倒な争いを起こすことがある」「礼儀正しく年長者を敬うため、年下の前で叱ったり侮蔑したりするような態度をすると、非常に悪い感情を抱く場合がある」[*11]といった注意点も挙げています。

そして、「彼等の長所短所すなわち民族的特性を知りてその対策を立て、長所はこれを助長善導し、短所はこれを矯正するよう努め、皇民化の徹底を図り有能な産業人にさせることが朝鮮人労務管理に当たるものの任務である」[*12]としています。要するに〝上から目線〟なのです。

＊8　楠原祖一郎『北海道朝鮮労務者協和訓練施設実施の概要』、一九四三年、三三～三五頁、http://dl.ndl.go.jp/info:ndljp/pid/1439585

＊9　鹿島組労務部『朝鮮人労務者の管理に就て』、一九四二年、四一～四二頁、http://dl.ndl.go.jp/info:ndljp/pid/1707257

＊10　鹿島組労務部『朝鮮人労務者の管理に就て』、一九四二年、一～二頁、http://dl.ndl.go.jp/info:ndljp/pid/1707257

＊11　鹿島組労務部『朝鮮人労務者の管理に就て』、一九四二年、五～一二頁、http://dl.ndl.go.jp/info:ndljp/pid/1707257

＊12　楠原祖一郎『北海道朝鮮労務者協和訓練施設実施の概要』、一九四三年、三三～三四頁、http://dl.ndl.go.jp/info:ndljp/pid/1439585

朝鮮人の労務管理で最も重要なのは、「彼等朝鮮人労務者を皇国臣民として育て上げて日本人に完全に同化させるということと、大東亜戦争下において各方面に増産が叫ばれている今日、この能率の低い労務者をして産業労務者として役立つ有能なものに育てなければならない」ということの二点で、それゆえに、「朝鮮人労働者の管理の責務は真に重大」と強調します。*13

皇国勤労者にするための訓練

皇国勤労者に育成するために、日本に到着後すぐに朝鮮人労働者には後述する厳しい訓練が施されました。そして、就労中も、少ない自由時間でさえも、皇国臣民化教育と産業戦士としての心構えを強《し》いられました。

労務管理のノウハウ本では、「朝鮮人労務者は大部分単身者なので寮生活の管理は重要である。寮生活は厳格なるなかにも疲労を癒し生気を養う寛潤《かんかつ》さを与えるようにすること」として、直営の寮の間取りや設備についても解説しています。朝鮮人労働者の宿舎はすべて直営で、二〇〇～三〇〇人収容、居室は一〇畳敷に五、六人収容とし、「寮には炊事場、食堂、浴場、洗面場、洗濯場、乾燥場、便所、物置及び講堂娯楽室を収容人員相当の設備をなすこと」「寮の周囲には緑陰、花園、運動具等の配置をなすこと」「食事の労働力に及ぼす影響大なるに鑑み栄養に留意した献立をなすこと」*14とあります。

待遇について、朝鮮総督府機関誌『朝鮮』では、一カ月日本人が一三五円といたしますれば朝鮮人は一二五円位の割合で賃金を得ております。もちろん宿舎はすべて事業主の持前であります。食事も労務者に対しては豊富に与えられております。一日三食で五〇銭位であります。このようなわけでありますから一カ月に相当多額の貯蓄ができるのであります。もちろん朝鮮の親許にも送金しますが現場においても相当貯金いたしております。二カ年の契約であちらに行った、朝鮮人労務者で二〇〇〇円以上の貯金をしておる人も相当おりました。そのような状況でありまして大体において待遇、賃金において不足はないと思います。[*15]

と書かれています。

しかし、これらは、元朝鮮人労働者の証言と大きく異なります。申し分ない労働環境であれば、逃走が多発するはずはなく、契約更新に応じる人も相当数いたはずです。

朝鮮人労働者の逃走が後を絶たなかったのは、労務管理の不備や劣悪な労働環境を物語っています。事業所の労務担当者はいずれも、逃走をいかにして防止するかに頭を悩ませました。逃走の理由は、「同僚の賃金と著しき差ある場合の不満」「規律生活の窮屈に堪へず」などとあります。[*16]

＊13　鹿島組労務部『朝鮮人労務者の管理に就て』、一九四二年、三頁、http://dl.ndl.go.jp/info:ndljp/pid/1707257
＊14　楠原祖一郎『北海道朝鮮労務者協和訓練施設実施の概要』、一九四三年、三七頁、http://dl.ndl.go.jp/info:ndljp/pid/1439585
＊15　『朝鮮総督府月報』一九四四年八月号、朝鮮総督府、四〜五頁
＊16　前田一『特殊労務者の労務管理』山海堂、一九四三年、一三三〜一三四頁

移入朝鮮人労働者の「減耗」状況　1939年～1942年

（単位：人）

年度	移入実数	減耗数および移入数に対する減耗率					
		逃亡	帰郷	死亡	その他	計	%
1939	38,700	2,600	711	81	247	3,639	9.4
1940	54,944	20,430	8,336	406	2,005	31,177	56.7
1941	53,482	27,674	14,816	664	3,123	46,277	86.5
1942	92,682	35,262	15,729	615	3,881	55,487	59.9

厚生省健民局「第84回帝国議会関係（健保局）・第二冊」、1942年、213～214頁より作成、https://www.digital.archives.go.jp/das/image/M0000000000000414412
※1942年度の移入実数は1942年12月末現在。

業種別「雇入」と「減耗」状況　1941年８月末現在

（単位：人）

	雇入状況			減耗状況					８月末現在数
	移住数	転入数	雇入総数	帰国	転出	逃亡	死亡	累計	
石炭山	19,418	-	19,418	1,591	19	2,922	236	4,768	14,650
金属山	3,897	32	3,929	327	32	579	35	973	2,956
土木建築	4,028	564	4,592	440	739	1,309	24	2,512	2,080
計	27,343	596	27,939	2,358	790	4,810	295	8,253	19,686

朝鮮人強制連行実態調査報告書編集委員会『北海道と朝鮮人労働者　朝鮮人強制連行実態調査報告書』北海道、1999年、120頁、「北海道庁『昭和十五年北海道重要事項概要』より作成」を引用

募集する場合に彼らを慎重に調査しないことも、逃亡の原因のひとつだったようです。そのため、「選考の際は、まず本人に対してよく工事場の事情を知らせて、本人の気持なども十分訊ね、同時に家庭の状況やその他、彼らの周囲の事情を詳細に調査した後、採否を決めるべきである[17]」と指摘しています。

また、朝鮮人労働者の待遇について、次のような文章も残っています。[18]

　彼等は産業戦士として
極めて意義ある仕事に

従事しております。兵隊がお召に応じて出発する時、あるいは第一線に向って発つ時、我々はできるだけのことをしてこれを送り、そうしてその後も慰問文を送り、慰問袋を送り、あるいは遺家族に対してできるだけのお世話をするということをいたしておりますが、第一線の将兵にも似た国家的な仕事に勤めている朝鮮出身の労務者に対して、果たしてこれまでどういう手が差しのべられておったか。もちろんそれにはいろいろな手が打たれておったのであります。しかしながら決して充分であったとは申されないのであります。

逃亡者の多発と契約更新の拒否

一九三九年（昭和一四年）一〇月からの三年間で、約半数以上が現場を去り、この間の逃走者は三五・六％、契約満期で朝鮮に帰った者はわずか七・三％でした。「逃走の最も甚だしきは福岡地方の四四％、次いで常磐地方の三四・二％、札幌地方は割合に落ち着きを示して一五・六％」だったそうです[*19]。

北海道は当初、九州や中国地方に比べて逃亡者が少なかったのですが、一九四三年（昭和一八年）

＊17　鹿島組労務部『朝鮮人労務者の管理に就て』、一九四二年、二二～二三頁、http://dl.ndl.go.jp/info:ndljp/pid/1707257
＊18　『朝鮮総督府月報』一九四四年八月号、朝鮮総督府、二～四頁
＊19　前田一『特殊労務者の労務管理』山海堂、一九四三年、一三三頁

になって倍増します。逃走率が低かったのは、縁故関係者が少なく、津軽海峡を渡らなければならなかったことなどが理由とされます。[20]

減耗理由の最多は逃亡であり、全体に占める割合は、一九三九年が七一%、一九四〇年が六六%、一九四一年が六〇%、一九四二年が六四%です。

政府は逃亡対策として、一九四一年(昭和一六年)九月に厚生省と中央協和会を中心とする定着督励班を各現場に派遣し、定着指導を実施しました。しかし、翌年度も逃走者は減少せず、移入朝鮮人労働者の大半が逃亡した事業場もあったほどです。

そこで、同年六月に「朝鮮人労務者逃走防止対策要綱」を定め、厚生省は八月一二日から九月一九日まで、全国一〇カ所で逃走防止に関する地方会議を開催しました。[21]

労務管理の杜撰《ずさん》さは、契約更新者が少ないことからも明らかです。「二カ年間の辛抱ができず逃走する者すらかなりに多い朝鮮人に対し、さらに契約期間の更改延長を勧奨することのいかに難事であるかはいうまでもないこと[22]」だったのです。

北海道では、炭鉱などに動員された多くの朝鮮人労働者が一九四一年(昭和一六年)一〇月で契約完了となるため、道庁および札幌鉱山監督局といった行政機関が、朝鮮人労働者の契約更新に力を入れます。しかし、移動する者が多く、効果的な対策を講ずることができない状態でした。

更新に成功しなければ、深刻な労働者不足となり、北海道の石炭の増産に支障をきたすことになるため、札幌鉱山監督局は、厚生省および朝鮮総督府にかけ合い、朝鮮人労働者の引き留めに必死になっていました。

札幌鉱山監督局は、「朝鮮総督府と連絡、係官を来道させて朝鮮人労務者に契約継続方を勧奨激励し、一方、朝鮮語の激励文を発送させる」「優秀労務者には帰道を条件として一時帰鮮させる」「配偶者を早急持たせて朝鮮より家族を呼びよせる」「契約更新者には貯金帳にて相当の金額を贈呈する」といった契約更新対策を打ち出しています。[*23]

実際八月に、北海道協和会と札幌鉱山監督局は、朝鮮総督府・厚生省・中央協和会の合同定着奨励班とともに、北海道内四五カ所の炭鉱および金属鉱山で契約更新促進運動を開始しました。[*24]

また、一九四二年（昭和一七年）に官斡旋方式の動員に変更したのと同時に、政府は朝鮮人労働者を長期的労力と位置づけ、「思想傾向良好なるものは努めて定着を勧め」、契約更新に向けた取り組みが一層強化されました。「配偶の斡旋をなし、家族の呼び寄せに利便を与える」「家族持ちに対しては、教養、衛生、娯楽、住宅、墓地等の施設をなし生活を安心させる」「定着し得る者の中より思想堅実、技能優秀、稼働精励を選抜し、優遇の途を講ずる」「教養あり、思想技能等が特に優秀なる

＊20　朝鮮人強制連行実態調査報告書編集委員会『北海道と朝鮮人労働者　朝鮮人強制連行実態調査報告書』北海道、一九九九年、一二四頁

＊21　厚生省健民局「第八四回帝国議会関係（健保局）・第二冊」、一九四二年、一九二～一九三頁、https://www.digital.archives.go.jp/das/image/M0000000000000414412

＊22　前田一『特殊労務者の労務管理』山海堂、一九四三年、一三八頁

＊23　北海タイムス社調査部編『北海タイムス年鑑　昭和一七年版』、一九四〇～一九四一年、一六〇頁

＊24　朝鮮人強制連行実態調査報告書編集委員会『北海道と朝鮮人労働者　朝鮮人強制連行実態調査報告書』北海道、一九九九年、一九三～一九四頁

ものは契約期間の満了後において職員（労務、技術）に登用する途を開き、向上心を培養する」[＊25]といった方針を打ち出します。

中央協和会は、一九四一年（昭和一六年）末に各事業場に向けて、継続就労指導班を派遣し、再契約を促しました。地方の協和会および統制会などの共催、厚生省、内務省、商工省の後援で、移入労務者就労期間延長督励班を編成し、一九四二年一一月一五日から三〇日までの一五日間にわたり、福岡、佐賀、長崎、福島、北海道の各地の石炭山に派遣しています。

こうした巡回により、満期を迎える朝鮮人労働者の七八・三％が就労期間延長に応じたといいます。一九四三年（昭和一八年）一月にも、前年と同様に各地へ四班の督励班を派遣し、それも相当の効果があったと報告されています[＊26]。

しかしそれでも、朝鮮人労働者の逃亡を止めるのは不可能であり、定着は困難でした。

＊25　楠原祖一郎『北海道朝鮮労務者協和訓練施設実施の概要』、一九四三年、三八頁、http://dl.ndl.go.jp/info:ndljp/pid/1439585

＊26　厚生省健民局「第八四回帝国議会関係（健保局）・第二冊」、一九四二年、一九五～一九六頁、https://www.digital.archives.go.jp/das/image/M0000000000000414412

第八章　「産業戦士」にされる朝鮮人労働者

朝鮮人労働者に課せられた「訓練」

朝鮮人労働者の集団移入は国策であり、企業の労務管理に政府も管理統制を加えました。最も重視されたのが、訓練でした。

訓練は、一九三九年（昭和一四年）一〇月一〇日付の「労働者訓練施設要綱」に基づき、第一回目から実施されました。募集から官斡旋方式への変更にあたり、厚生省と内務省は、中央協和会が作成した「移入労務者訓練及取扱要綱」に従って計画的かつ充分に訓練するよう地方長官宛に通達します。この要綱では雇用主に対して、朝鮮人労働者を有能な労働者に育成し、皇国民としての資質の向上を図るための訓練を義務づけています。

訓練は全雇用期間を通じて行い、特に最初の六カ月間は修練道場に収容して徹底的に実施するよう指示しています。

さらに、一九四二年（昭和一七年）一一月二五日付の「出動労務者訓練服務心得準則」により、労働者側にも訓練を受ける義務があることを明示しました。動員された朝鮮人労働者は、取扱要綱と服務心得準則に従い、六カ月の道場訓練および一年半の一般訓練を強いられたのです[*1]。

朝鮮人労働者訓練の根本方針は、皇道精神の指導信念の下、「大東亜の指導的民族としての大和民族に融合同化し、忠良なる皇国臣民」に育て上げることでした。「有能なる産業戦士であり、満期帰郷の暁には皇民化運動の推進員として郷土開発の指導的人物にさせると共に、在郷産業戦士として必要に応じ何時でも出動する自覚を持たせる」ことも訓練の目標とされました。

特に重んじられていた皇民訓練は、国家総力戦に適合した人間を作る思想として確立し、日本のあらゆる面に影響を及ぼしました。

朝鮮人労働者は、「訓練期間中はつとめて神社仏閣等に団体参拝を行うこと」「皇民行事は祝祭日、大詔奉載日、陸海軍記念日その他重要な国民記念日等において厳粛な挙式および訓話を行い、皇民精神の涵養に努めること[*2]」などと定められ、皇道精神の培養がなされました。

訓練には、再契約を促し、作業能率を向上させ、逃走を防止する効果もあったとされています。『特殊労務者の労務管理』では、朝鮮人労働者たちが訓練により「時局認識を昂揚しつつある」として、「最近は自発的に再契約を申出る者も漸増する状態で昭和一六年一一月僅かに三八%、昭和一七年九月には一六%迄減少した再契約率は、同年一二月以降は九六%と驚くべき増加を示している」と評価しています[*3]。

到着後に実施される訓練のほか、就労後も、「日本人と朝鮮人の区別を超越し、内鮮融和、皇国産業人として協同生活」を送るために再訓練が実施されました。さらに、不良者には、「性格を叩き直して立派な皇国臣民に仕上げること」を目的とし、朝鮮人専用の寮に収容して特別指導が施されました。[*4]

「移入朝鮮人労務者は概して都会地から離れた交通不便の土地に住居し……文明国においての団体生活というものには甚だ訓練を欠く点が多く[*5]」とみなし、「団体訓練、規律訓練は特に注意を払うこと[*6]」と念を押しています。

国家機関の協和会と協和事業

朝鮮人労働者を皇国勤労者として教育し、日本での生活指導にあたったのは、国家機関のひとつともいえる協和会です。協和事業の内容は、訓練の実施、逃走防止のための定着指導・督励、契約

＊1　厚生省健民局「第八四回帝国議会関係（健保局）・第二冊」、一九四二年、一九〇～一九一頁、https://www.digital.archives.go.jp/das/image/M0000000000000414412
＊2　楠原祖一郎『北海道朝鮮労務者協和訓練施設実施の概要』、一九四三年、三四～三五頁、http://dl.ndlgo.jp/info:ndljp/pid/1439585
＊3　前田一『特殊労務者の労務管理』山海堂、一九四三年、一二五頁
＊4　前田一『特殊労務者の労務管理』山海堂、一九四三年、一一三頁、一二三頁
＊5　鹿島組労務部『朝鮮人労務者の管理に就て』、一九四二年、一五頁、http://dl.ndl.go.jp/info:ndljp/pid/1707257
＊6　楠原祖一郎『北海道朝鮮労務者協和訓練施設実施の概要』、一九四三年、三六頁、http://dl.ndl.go.jp/info:ndljp/pid/1439585

更新に向けた就労期間延長督励、指導員の養成ならびに激励慰問隊の派遣などです。[*7]

北海道では、一九三六年（昭和一一年）から財団法人北海道社会事業協会の手で協和事業が行われてきましたが、一九三九年九月に北海道庁長官を会長とする北海道協和会を設立しました。地方にも支会が結成され、翌年七月末には地方支会が六〇に達しました。『北海タイムス』によると、「北海道協和会では従来の朝鮮人保護救済という消極的事業より脱し、事業の重点をその教育、教化、生活改善等に置き、各地方の実情に則した指導方針を立て物心両方面より朝鮮人の訓練指導を行うことになった」とあります。[*8]

朝鮮総督府側から派遣団が送られ、日本国内で働く朝鮮人〝産業戦士〟を慰安激励し、日本各地で朝鮮事情を紹介する慰問懇談会もしばしば開催されました。

懇談会の目的は労務管理の改善にあり、関係官庁、軍関係、大政翼賛会、翼賛政治会、地方自治関係、団体、工場、鉱山、事業所、新聞社などの幹部が参加し、朝鮮人労働者に対する厚生施設の増強、朝鮮人に対する理解および指導と援護が主な議題でした。

一九四四年（昭和一九年）五月、大政翼賛会、翼賛政治会、中央協和会、国民総力朝鮮連盟の共催、内閣情報局、内務省、軍需省、厚生省、朝鮮総督府の後援のもと、一大国民運動「朝鮮事情紹介並びに朝鮮産業戦士慰安激励運動」が約一カ月かけて展開されています。一班三人前後の慰問班を編成し、総勢四四人が、関東、東海、近畿、中国、四国、九州、北陸、東北、北海道の全国各地に派遣されました。

派遣員のなかには、京城帝国大教授、陸軍中将、朝鮮総督府幹部、企業社長、新聞社社長、代議士などの名が連なっています。[*9]

北海道でも、たとえば札幌市で、一九四〇年（昭和一五年）八月二〇日、厚生省、内務省、拓務省、中央協和会、北海道協和会の共催による朝鮮人労働者雇用主懇談会を開催し、雇用主から朝鮮人労働者の実情について情報交換をしています。また、一九四一年（昭和一六年）には、三月下旬から二〇日間にわたり、中央協和会主催の朝鮮事情視察に主要五支会の幹事長五名を参加させ、朝鮮の事情の視察調査を行っています。[*10]

「産業戦士」にするための訓練内容

『日本製鉄株式会社史　一九三四－一九五〇』には、八幡製鉄所教育局の一九四四年（昭和一九年）三月一日付の教育実施状況概要が掲載されています。それには朝鮮人労働者の教育内容を記した欄もあります。教育の種類は、「青少年教育」「女子教育」「新人社教育〔原文のママ〕」「養成教育」「再教育（含補習教育）」「従業員以外の者の教育」の六つに分類されます。「新人社教育」は「職員（見習い教育）」「準職員（中等学校新規卒業男子・女子〔挺身隊〕、随時入職男子）」と「集団入職（男子の新規応徴・朝鮮工員、女子

＊7　厚生省健民局「第八四回帝国議会関係（健保局）・第二冊」、一九四二年、一八七～一九三頁、https://www.digital.archives.go.jp/das/image/M0000000000000414412
＊8　北海タイムス社調査部編『北海タイムス年鑑　昭和一七年版』、一九四〇～一九四一年、二六四頁
＊9　『朝鮮総督府月報』一九四四年六月号、朝鮮総督府、八一～八二頁
＊10　北海タイムス社調査部編『北海タイムス年鑑　昭和一七年版』、一九四〇～一九四一年、二六四～二六五頁

挺身隊・女子給仕）」「随時入職（工員の男子・女子）」に分けられています。

朝鮮人労働者は、名称を「朝鮮訓練工員」とされ、「外内地生活への適応のための訓練」を教育目的とし、所管部署は「総務部指導課補導掛」で、講師は指導課員でした。教育期間は四〇日間で、教育時間は全日。規律訓練が一一〇時間、精神訓話および生活の躾《しつけ》が七〇時間、国史と国語を含む講義が八〇時間、技能基本訓練が九〇時間です。一九四四年三月一日までに四回行われ、一四七一人が受講しています[*11]。

また、『北海道朝鮮労務者協和訓練施設実施の概要』には、北海道炭礦汽船株式会社新幌内鉱業所の詳細な訓練内容[*12]が記されています。同所の「協和訓練隊訓練要項」によると、「移入朝鮮人労務者に対し徹底した指導錬成を行い、心身両面にわたり皇国臣民として素質向上を図ることで皇運扶翼の大業に寄与する」方針に沿って、朝鮮人労働者は「着山と同時に協和訓練総本部に所属して部隊を編成し」、その「新幌内協和訓練隊と称する」訓練隊員を「期間中道場に収容」し、「軍隊の内務規定に準じ訓育」するとあります。

訓練要項は、皇民訓練のほか、団体生活および規律生活の習得、衛生、経済、日常儀礼などの生活訓練、体操、作業訓練におよびます。

六カ月の訓練事項の時間配分は、皇民訓練が一一六時間で、そのうち修身が二八時間、国語が八八時間。生活訓練は三八時間。体操一五三時間のうち、教練は九八時間。作業訓練は四八五時間で、就労予備訓練は二六時間、就労訓練は四五九時間です。

皇民訓練は、「皇国臣民としての資質の養成および錬成を図り、忠君愛国の精神を涵養する」ことを目的とし、国体の本義、敬神崇祖、堅忍持久、協力一致、勤労歓喜、敢闘必成、産業報国の修身と国語から成ります。国語教育に関しては、単に生活の便利さのみに目標をおかず、「国語を通じて国民精神の陶冶《とうや》に心掛け」て訓練が行われました。

体操は、「体位の向上を計り四肢の動作の機敏ならしめ、かつ剛健果断、堅忍持久、規律共同の精神を養う」ことを目指し、基本体操は、「陸海軍の体操教範による、主に作業諸般の要求する体力、気力、特に機敏、持久の能力を養成」します。応用体操は、鉄棒、雲梯《うんてい》、扛挙《こうきょ》です。教練は「陸軍省兵務課編纂青年学校教練科教科書」を参考にし、個人基本教練、部隊密集教練、敬礼の基本動作および応用動作を修得します。綱引きや騎馬戦といった遊戯も体操訓練に含まれていました。

仕事の実技を身に付ける作業訓練は、三段階をそれぞれに二カ月かけて行います。就労予備訓練は、産業労働者としての基礎的訓練で、就労に必要な心構えと、機械器具および基本操作、作業着、災害防災の基本知識を学びます。就労訓練では、現地職場での知識と技術の指導を受け、作業能力の増進を目指します。就労訓練が終了すれば、それぞれ配属された現場で技術訓練を行います。技術訓練は、現場に入坑させ、特科指導職員の下で訓練します。

＊11　日本製鉄株式会社史編集委員会『日本製鉄株式会社史　一九三四－一九五〇』、一九五九年、六七八～六七九頁

＊12　楠原祖一郎『北海道朝鮮労務者協和訓練施設実施の概要』、一九四三年、三～一三頁、http://dl.ndl.go.jp/info:ndljp/pid/1439585

休みのない訓練スケジュール

各期の訓練が修了した後、その成績を検査して、錬成の徹底を図りました。『北海道朝鮮労務者協和訓練施設実施の概要』に掲載されている一期二八日間の訓練の日課時限表には休日が見当たりません。備考欄には、「第二、三期の訓練は公休明けの勤務者から行い」とあり、一期終了までは休みがなかったようです。

訓練の日課時限表は、たとえば、着山日は、一二時三〇分～一三時三〇分に神社に着山報告、一三時三〇分～一四時三〇分に入隊式、一四時三〇分～一六時三〇分に警察官の査証、一六時三〇分～一七時三〇分に夕食、食事法、一七時三〇分～一八時三〇分に学科「協力一致」、二〇時三〇分に点呼、二一時に就寝消灯と、到着初日から分刻みのスケジュールです。訓練中の自由時間は一八時三〇分～二〇時二〇分だけです。

二日目からの訓練内容は毎日異なりますが、五時～六時に起床、点呼、整理清掃、国旗掲揚、宮城遥拝、拝神、六時～六時三〇分に朝食、食事法、そして、一一時三〇分～一二時三〇分に昼食、教養、一六時三〇分～一七時三〇分に夕食、教養、国旗降下、一七時三〇分～二〇時二〇分に入浴、座談会または紙芝居ほかの健全な娯楽の誘導、二〇時三〇分に点呼、二一時に就寝消灯という日課は全日程を通して同じです。

この時間割の合間に、たとえば第四日目は、六時四〇分～七時三〇分に学科「敢闘必成」、七時三〇分～一一時三〇分に国語、一二時三〇分～一六時三〇分に教練「不動の姿勢・休め」「停止間の右向・左向・後向」「連歩行進」の後、基本体操と遊戯、一七時三〇分～一八時三〇分に日常儀礼が割り当てられます。

第一五日目から作業訓練に入り、六時四〇分～七時三〇分に学科「国体の本義」、七時三〇分～九時三〇分に国語、九時三〇分～一一時三〇分に体操「基本・応用体操」、午後から作業訓練で、一二時三〇分～一四時三〇分にピックハンマーの名称および分解結合、一四時三〇分～一六時三〇分に安全教育・坑内保安について（入坑の心得）を学びます。

第一七日からは坑内作業訓練が行われ、六時四〇分～九時三〇分に国語、九時三〇分～一一時三〇分に就労予備訓練「スコップの操法」、一二時三〇分～一四時三〇分にピックで岩石を掘進する坑内作業訓練、一四時三〇分～一六時三〇分に坑外作業訓練の炭車積込となっています。

動員された朝鮮人労働者は未経験者であり、たったこれだけの就労訓練で十分だったとは考えられません。朝鮮総督府機関誌『朝鮮』には、日本の労働者に比べて、「朝鮮の労務者は怪我をする率が非常に多いのであります。これは教育の普及していないこと、言葉に通じていないことが主なる原因ではないかと誠に遺憾に感じたことであります[*13]」と北九州の朝鮮人労働者のケガが多いことを報告しています。

また、炭鉱に動員された朝鮮人労働者や短期労働者などについて、「毎回未経験者を迎え、その

＊13『朝鮮総督府月報』一九四四年八月号、朝鮮総督府、五頁

度ごとに予備訓練をしなければならない。ところが労働不足が深刻になってくるに従って、従来はまったく雑役ていどのことしかやらせなかったこれらの人々に、採炭や掘進をやってもらわなければならなくなった[*14]」とあり、作業訓練は形骸化していたとみられます。

*14 日本炭鉱労働組合編『炭労十年史』労働旬報社、一九六四年、二四頁

第九章　「徴用工」を働かせる労務管理者の訓練

労務管理者にも課せられた精神錬成

朝鮮人労働者の労務管理において、能率の向上、技術の修得、逃走防止などの指導に訓練が非常に重要だと認識されていましたが、日本人に対しても皇国勤労観が強調されました。

戦争勝利の目標を達成するには、軍需品生産に国民が総力を挙げる必要があり、それに伴い、新しい労働倫理が重視されました。経済活動は公益のために行われ、国力の発展に寄与するために営まれるという考え方です。企業は国力の増進のために存在し、労働も国家生産の増大のために行われるという意識が確立されていきました。

そして、優れた軍需品を大量生産するには、「生産の担当者である国民の能力を護る」ことが重要であり、労務管理とは、「その勤労生活を指導すべき国家的任務を持つもの」と位置づけられます。「人間錬成に勤労が重大な意味を持つ」[*1]との意識が高まり、事業主や労務管理者などの指導者にとって、精神錬成は中心的な課題になりました。

皇民錬成を主導したのは、大日本産業報国会です[*2]。日中戦争以降、従業員は雇用主と協力して国家の生産拡大に貢献するという労使協調が叫ばれ、「労使一体」「産業報国」をスローガンとする産業報国運動が高まります。一九三八年（昭和一三年）には産業報国連盟が発足し、各工場や事業場に報国会が結成されました。一九四〇年（昭和一五年）一一月に産業報国連盟は解散し、厚生大臣を総裁とする全国組織の大日本産業報国会が創設されました。これにより、従来の労働組合は姿を消していきます。

大日本産業報告会は、皇道精神の指導理念のもと、事業主、労務管理者、従業員の皇国民としての質を向上させ、「事業一家」「職域奉公」といった勤労観を体得させる錬成を重視しました。労働者不足や原料の欠乏、食料問題といった悪条件のなかで、大量かつ高品質の増産を達成するのが事業主や労務管理者の責務とされ、従業員一人一人に皇道精神を徹底させる錬成こそが、その対策の要とみられていたのです。

また、部下を持つ人には、部下を教養し、日本人としての錬成を積むべき責務があると刷り込み、従業員の職域奉公の意識を高めるには、まず事業主および労務担当者が、言葉だけでなく、自ら実践しなければならないと煽っています。

さらに、「工場は物を生産する所なりと考えるは欧米思想[*3]」と近代的な工場の労働のあり方を批判し、日本では「働く一二時間が使命で残りの一二時間はその準備時間」であり、「日本人の生活は皇運扶翼の生活で、私的生活は一点もない」と断言しています。そして、「日本人は働くことが天職である以上、工場を神聖なる国民錬成の道場としなければならない」「錬成を徹底的に実施して皇民行の修練を積み、工場を生産組織体と同時に教学組織体となし、奉仕の鍛錬道場として国民錬成の一環を果たす」よう洗脳しているのです。

朝鮮人労働者の労務管理においても、生産性を高めるために、「朝鮮人を皇民化させるには、まず指導者が優れた存在でなければならない」「まず日本人の皇道精神の現れが重要であるため、錬成をし、併せて朝鮮および朝鮮人に対する認識を得ること」[*4]が求められました。

技能を必要とする作業部門の従業者が多い鉄鋼業では、従業員の錬成が工場における生産効率の向上に直接好影響を与えるとされ、鉄鋼統制会は、「従業者訓練計画要綱及同実施計画要綱」を作成し、鉄鋼業界の従業員錬成を一貫して強力に展開しました。

鉄鋼会の理念については、鉄鋼統制会の小日山直登《こびやまなおと》理事長が一九四二年（昭和一七年）四月の錬成会で講演した『統制会と皇道精神』で語っています。ちなみに、小日山は、東京帝国大学卒業後、南満州鉄道に入社し、一九四一年（昭和一六年）一一月から一九四三年（昭和一八年）一月まで鉄鋼統制会理事長を務めました。その後、満鉄の総裁になり、一九四五年（昭和二〇年）四月、運輸通産大臣に就任。ポツダム宣言受諾の意思を示した人物です。

＊1　楠原祖一郎『北海道朝鮮労務者協和訓練施設実施の概要』、一九四三年、三四頁、http://dl.ndl.go.jp/info:ndljp/pid/1439585
＊2　藪季光『勤労と錬成』同文社、一九四四年、https://dl.ndl.go.jp/info:ndljp/pid/1276730
＊3　「従業者錬成に就いて」『鉄鋼統制』第二巻第六号、鉄鋼統制会、一九四二年六月、五八〜五九頁
＊4　楠原祖一郎『北海道朝鮮労務者協和訓練施設実施の概要』、一九四三年、三五頁、http://dl.ndl.go.jp/info:ndljp/pid/1439585

実は私も就任当時は統制会理念とは果して何かとの問題でずいぶん悩み……かくて考え抜いた結果、ようやく到達し得たのが皇道精神である。……工場は各々の企業者も所有するが、国家全体のものである。全員一丸となり皇道精神に帰一して運営するところに皇国策の意義がある。そのためには、まず企業経営の主体者が率先垂範して国体の本義に徹する必要がある。しかる見地よりするもこの種錬成会は断じて実施せねばならない。[*5]

鉄鋼統制会の生産部担当者は、幹部工員の錬成が重要な理由として、

最近朝鮮より多数の純朴な青少年を迎へることとなり、これらの者も訓練を受けて職場に配置されるのであるから、それだけ職場における彼らの技術的指導者たり兄たる幹部級工員の錬成は一層充分に行われなければならない。

と述べています。[*6]

朝鮮人の訓練は本来、中央協和会が指示する要綱に基づいて実施されるのですが、自社の錬成会に朝鮮人労働者を参加させた工場もありました。「この錬成については指導者に適材を得れば、予想以上の効果をあげ得ることを実証した」と鉄鋼統制会は評価しています。[*7]

二泊三日の労務担当者の錬成会

一九四二年（昭和一七年）、鉄鋼統制会は大日本産業報国会と共催し、会員各社の工場長、厚生部課長、同部課主任者向けの労務担当職員錬成会を、関東地区は四月二七日から、関西地区は五月七日からそれぞれ二泊三日で開催しました。鉄鋼統制会の機関誌『鉄鋼統制』に、参加した鉄鋼統制会生産部担当者の実施報告が掲載されています[*8]。

関東地区錬成会は東京府北多摩郡東村山村皇民道場において実施され、京浜、東北、北海道地方から、幹部役員七二人、鉄鋼統制会から理事長ほか一一人の合計八三人が参加しました。日本製鉄の参加者は、本社から四人、釜石製鉄から二人、輪西製鉄から四人、富士製鉄から一人でした。

訓練の様子は、次のように描写されています。

> 定刻の正午いよいよ行に入る。勝部講師の指導により一同上衣を脱ぎ「汗愛」の鉢巻きをしめて大太鼓を打ち鳴らし、手を拍ちつつ愛国行進曲の合唱だ。最初は何か手持無沙汰で声も低

＊5『鉄鋼統制』第二巻第六号、鉄鋼統制会、一九四二年六月、五七頁
＊6『鉄鋼統制』第二巻第七号、鉄鋼統制会、一九四二年七月、六五頁
＊7『鉄鋼統制』第二巻第九号、鉄鋼統制会、一九四二年九月、六三頁
＊8『鉄鋼統制』第二巻第六号、鉄鋼統制会、一九四二年六月、五六～六〇頁

かったが、威勢の良い導師の指導につい吊り込まれて我を忘れての童心行となる。唄い終った頃は肌に汗が滲む。次いで昼食、まず正座瞑目合掌して御製《あさみどり》の朗詠合掌、朗詠終りなお瞑目したまま食前感謝のことばを唱える。

食後休憩は二十分。……午後一時から開会式挙行、一同整然として少しく離れた講堂へ向かう。実に神々しい造りである。……講堂内は正面に神宮を奉斎し右に「流汗鍛錬」左に「同胞相愛」上に「献身報国」の額がありいずれも平沼閣下の筆である。清浄の気あたりにこめ自ら襟を正す思い。

かくして一同敬礼、開会を宣し宮城と神宮に対し奉りて遙拝、国歌奉唱。勅語奉読、主催者を代表して……と力ある挨拶あり次いで講師を代表して……との挨拶あって開会を宣し引き続き本会小日山理事長より「統制会と皇道精神」と題して……と熱意に充ちた講演あり感銘深し。次いで企画院調査官水野潔氏は「錬成偶感」と題して今次大東亜戦と大化改新の酷似せる事実を指摘したるのち……と錬成の必要性を述べ企業経営の根本精神に示唆を与える。以上連続二回の講演で聞く方も少し気分転換を希望したが勝部導師により童心行が初る〔原文ママ〕。愛国行進曲を色々に工夫しての遊戯である。重役も工場長もさながら幼稚園の生徒と思えば間違いない。実に他愛なく踊り唄う。これが童心行である。この単なる遊戯により堅く結ばれていた魂が次第にほぐれ童心となり清められ祓われるのである。童心行が一通り終わり鎮魂法を実施、……かくして心境を整え形を正し次の講演。……午後の行事を終わり、「天の鳥船」に因んだ体操をして夕食につく。瞑目合掌、御製朗詠、食前感謝のことば、合唱、食後の御製朗詠、食後感謝のこと

> ば等は昼食と同じ。ここで三〇分の休憩ありて本日最後の「皇民行解説」を勝部講師に聞く。宮城、神宮遥拝の仕方、坐り方、起ち方《［原文ママ］》、歩き方等全く我等は日常生活の礼儀作法に余りに無知無頓着であったことに気づく。……夜の行事は九時から初まり《［原文ママ］》、神宮、宮城遥拝、各自の氏神様並びに先祖に対し最敬礼。……
>
> 第二日目は五時起床。布団に端座して御製朗詠。……演題は「国体の本義と皇民行」及び「神宮と国体」……引き続き課外講師産業報国会理事長小畑忠良氏は統制会と産業報国会との関係等を述べて新勤労観に説き及び……午前の講義を終わり昼食。……次いで午後の講演は産業報国会常務理事深川正夫氏は「労務管理について」と題し多年三井鉱山に在って実際的取り扱った貴重な体験より割り出された所見を開陳する。……かくて午後の講演を終わり、美化作業開始。木材運び、庭の掃除、さては便所掃除の下座行に至るまで何の不服もなく命のままに動く。掃除は最も大切な心の修養の行法と言う。……
>
> いよいよ第三日目を迎えた。朝の訓練行事等前日と同じ。牧野講師は最後の講演……かくして予定の通り正午講堂にて閉会式挙行。式後一同記念撮影並びに懇親会を催し全日程を盛会裏に終わる。

関西地区における錬成会は、三重県宇治山田《うじやまだ》市神都《しんと》道場において実施し、日本製鉄の参加者は、八幡製鉄から一人、広畑製鉄から五人、大阪製鉄から三人、釜石製鉄から三人でした。行事はすべて関東地区と同じです。

六月と七月に主催された鉄鋼統制会の錬成会は、鉄鋼原料統制会および鋼材販売統制会と連携し、所属役職員のほか、委託店、問屋、特約店からも参加を求め、宇治山田市神都道場において一回、東京府北多摩郡東村山村皇民道場において三回行われ、受講者の総数は四五〇人でした。[*9] 九月二〇日、二一日には、重役、職員、工員を網羅した五社共同の講習を行ったようです。[*10]

鉄鋼統制会の錬成会

産業報国会などの錬成会は頻繁に行われていましたが、出席者が少なかったため、会員各社が実施し、全従業員に錬成を徹底させるよう促してもいます。会員各社は教養訓練実施計画を早急に立て、錬成を開始しました。鉄鋼統制会に報告があっただけでも、日本鉄鋼鉱業株式会社、日本製鋼室蘭製作所、東京製鉄など一二工場で錬成会を実施しています。

日本製鋼室蘭製作所は、第一回の錬成会を一九四二年（昭和一七年）六月六日と七日に開催し、部長・課長・工場長六〇人が受講しました。第二回は、同年七月九日と一〇日に部・課・工場の錬成指導責任者五人が受講しています。さらに、第三回は、同年七月三日から八日まで六日間にわたり、事務所前広場で朝礼時に約三〇分間行われ、職員、雇員、傭員、工員など一〇〇人が受講しています。午前八時に集合し、始業礼、整列、人員点呼、敬礼、服装点検、宮城遥拝を行い、八時五分から大日本国民体操練習、正常歩練習、教練肩揉み、八時一五分から講話、八時二〇分から御製奉詠、瞑目各唱一首三回、八時二三分から所歌合唱、八時二八分から「海ゆかば」を合唱、瞑目合唱という内容です。[11]

日本製鉄釜石製鉄所は市内石應寺で、一回目は七月三〇日から八月一日まで、二回目は八月一日から三日まで、錬成道場を開催しました。受講者は一回目が工員七一人、二回目は職員一一人、工員六三人でした。

日本製鉄広畑製鉄所では、八月一〇日から一二日までの錬成会に、常昼勤者の半数および交替勤務者のうち当日昼間勤務者の男子工員一七七名が受講しています。同年九月一八日から二一日まで、前回受講しなかった男子工員一七六名が参加しました。[12]

四月二七日に実施された鉄鋼統制会錬成会の懇親会では、内外製鋼所の参加者から、「朝鮮人の錬成にもこの方法を適用してよいのでは」といった発言がありました。[13]

内外製鋼所が五月二六日と二七日に工場内訓練道場で実施した錬成会は、朝鮮人労働者の訓練に重点を置き、重役、職員、役付工員らに加え、朝鮮人労働者を含む一一二人が受講しました。鉄鋼統制会からも職員が参加協力しています。終了後、感銘のあまり嗚咽《おえつ》する朝鮮人が少なくなく、予想外の効果を収めたと内外製鋼所は報告しています。

また、東京シャリングは、七月二六日と二七日に、朝鮮人労働者の訓練を目的にした錬成会を工

＊9 『鉄鋼統制』第二巻第九号、鉄鋼統制会、一九四二年九月、六三〜六四頁
＊10 『鉄鋼統制』第二巻第一〇号、鉄鋼統制会、一九四二年一〇月、七四頁
＊11 『鉄鋼統制』第二巻第九号、鉄鋼統制会、一九四二年九月、六四頁
＊12 『鉄鋼統制』第二巻第一〇号、鉄鋼統制会、一九四二年一〇月、七四〜七五頁
＊13 『鉄鋼統制』第二巻第六号、鉄鋼統制会、一九四二年六月、六二頁

場内宿舎で実施しました。受講者は朝鮮人労働者九五人で、鉄鋼統制会から職員が参加協力しています[*14]。

大日本産業報国会は敗戦後の一九四五年（昭和二〇年）九月三〇日、ＧＨＱ指令で解散します。

＊14『鉄鋼統制』第二巻第九号、鉄鋼統制会、一九四二年九月、六五～六六頁

第一〇章　敗戦と朝鮮人労働者の解放

解放の日

一九四五年（昭和二〇年）八月一五日、日本の敗戦の日は、朝鮮人労働者たちにとって、解放の日でした。しかし同時に、現在までくすぶり続ける、朝鮮人労働者の未払い金や遺骨返還といった日本の杜撰《ずさん》な戦後処理政策の発端でもあります。

敗戦とともに、強制的に労働を強いられていた朝鮮人労働者は帰国を希望します。朝鮮人のなかには、輸送計画の開始を待ちきれず、山口県の下関港や仙崎《せんざき》港、福岡県の博多港に急ぎ、小舟をチャーターするなどして無軌道に祖国へ帰るために海を渡る人もいました。

朝鮮人労働者の帰国をすみやかに行うことが日本政府の緊急の課題であり、八月二一日、「集団移入朝鮮人労働者らの徴用解除方針」を決定し[*1]、朝鮮人労働者の優先的な輸送を計画します。

＊1『引揚援護の記録』引揚援護庁、一九五〇年、五五頁、戦後補償問題研究会編集『戦後補償問題』第九集　解放帰国（引揚）関係資料集、一九九四年、三九頁

九月一日、「朝鮮人集団移入労務者等の緊急措置の件」[*2]で「所持品は携帯し得る手荷物程度とし、有家族者の家族も同時に輸送」「釜山まで事業主側より引率者を付し、釜山において引き渡す」と定め、厚生省・内務省から全国の地方長官宛に通達し、近く輸送を開始する予定であると知らせました。

帰国者の世話は、地方興生会が担当することになりました。興生会は、朝鮮人の皇民化教育促進の目的で組織されていた協和会が一九四四年に改組されたものです。

九月初旬から、ＧＨＱの命令で、興安丸（定員四五〇〇人）と徳寿丸（定員二五〇〇人）が朝鮮半島と日本の間の航行を始めます。敗戦で連合国軍の占領下におかれた日本は、朝鮮人の処遇もＧＨＱの指示に従う形になりました。

日本政府の輸送計画は一〇月に開始されますが、乗船港に殺到し、港は滞留する朝鮮人であふれかえりました。そこで厚生省は、一〇月二五日以降の朝鮮人労働者の乗船には、事業主が発行する計画輸送証明書を必要とする策を講じます。ＧＨＱも、一〇月一五日と三〇日に、朝鮮人の下関、福岡、仙崎その他の地区への殺到の抑制を求めています。[*3]

帰国が実際にどのように実施されたかについては、全体像が明らかになっていません。

全国の朝鮮人労働者は、下関や福岡などから出航するのが一般的で、北海道や北陸の在住者の多くは、青森と下関を結ぶ臨時列車、もしくは一般定期列車を利用した増結客車や編成車両で乗船港へ向かいました。

北海道の朝鮮人や中国人労働者は、室蘭港から釜山に向かう船も利用しています。一〇月一〇日、道内の朝鮮人労働者三五〇〇人が信濃丸で室蘭を出港しました。その内訳は、室蘭から四二七人、札幌方面から一五一五人、滝川《たきかわ》から九四五人、函館から二六三人、八雲《やくも》から二六五人、豊富《とよとみ》から二〇人などとなっています。一一月一九日には、道内の朝鮮人労働者約三〇〇〇人を乗せた英彦丸が室蘭港から釜山に向かいました。*4

朝鮮人労働者の不満爆発

朝鮮人労働者の帰国が混乱したのは、日本経済の復興と米軍駐留のための石炭生産増量の策略も関係しています。日本政府は、炭鉱の朝鮮人労働者を引き留めて就労させたいと目論《もくろ》み、九月一日通達「朝鮮人集団移入労務者等の緊急措置の件」で、「輸送優先は土建労務者を先にし石炭山労務者を最後」としました。そして事業主に、帰国を待つ間、朝鮮人や中国人の労働者たちを引き続き雇用し、「賃金については賃金規則により従前通り」「賃金の支給については当座の小遣いとして必要なる程度の現金を本人に手渡し残額は各人名義の貯金として事業主において保管」と指示しています。

*2　警保局保発甲第三号、「内鮮関係通牒書類編冊」、内務省、https://www.digital.archives.go.jp/das/image/F0000000000000217125

*3　森田芳夫『在日朝鮮人処遇の推移と現状』法務研修所、一九五五年、五三〜五七頁、戦後補償問題研究会編集『戦後補償問題』第九集　解放帰国（引揚）関係資料集、一九九四年、一二九〜一三〇頁

*4　室蘭地方史研究会『室蘭戦災史——空襲と艦砲射撃の記録』室蘭市教育委員会、一九八三年、二五五頁

ＧＨＱも日本政府に一九四五年九月二五日付覚書「釜山における在朝鮮米陸軍総司令部使用向け石炭供給の件」[*5]で、「釜山に日本から毎月七万から七万五〇〇〇トンの輸送」を命じました。

これまでと変わらない労働条件で働くという日本の措置に、中国人・朝鮮人労働者は不満を爆発させます。さらに、ＧＨＱが持ち帰り金や家族への送金を制限する規定も、怒りに拍車をかけました。

ＧＨＱは、日本人引き揚げ者の持ち込み金「一般民間人一人につき最高一〇〇〇円」とする規定を、一〇月に帰国朝鮮人などにも適用させます。[*6]朝鮮人は、一〇〇〇円を超える現金および預金通帳、有価証券などを乗船港の海運局に預けて保管証を受け取り、日本と朝鮮間の銀行業務が平常化したときに、現地で保管証を提示して金銭を受領するとしたのです。この措置は、朝鮮人労働者が帰国の際に給料や手当金を持参することを不可能にし、未払い金を生む要因にもなりました。

九月中旬から全国各地の炭鉱や鉱山で始まった抗議行動は、次第に激化していきます。特に北海道と九州で激しく、一一月下旬にかけて続きました。

北海道で暴動が多発した背景には、帰国の乗船地から遠く離れており、帰国できないのではないかという焦燥感もあったといわれています。

道庁長官の一九四五年一〇月付「事務引継書」によれば、北海道では、朝鮮人労働者とその家族約七万八〇〇〇人のうち、一九四五年（昭和二〇年）一〇月二三日までに北海道を出発して釜山に向かったのは、一万三九〇四人だけだったとあります。さらに、暴動の激化が原因で、石炭の生産高がこれまで最高で月産一四〇万トンに達していたのに対し、現在は月産二〇万トンに激減したと、炭鉱の危機的な状況も記されています。[*7]

当時の様子をGHQの覚書[*8]では、「終戦時、北海道には約一〇万八四〇〇人の朝鮮人の奴隷労働者が、日本支配に集団で抵抗し、労働組合のような団体を組織し、元事業主と賃金闘争を行った」「この紛争でGHQの朝鮮人の帰国計画が遅れた」と説明しています。

夕張と室蘭で起きた大規模紛争

北海道の代表的な大規模紛争は、夕張炭鉱で九月末に起きた中国人労働者の暴徒化をきっかけに始まったものです。

一九四五年（昭和二〇年）九月二三日、三井美唄《びばい》炭鉱の中国人労働者五四人が夕張の状況を視察に訪れ、翌日には一四〇人が棍棒を持って暴れました。手を焼いた警察はほかから一〇人の警官の応

＊5　SCAPIN-60 : PROVISION OF COAL AT FUSAN, KOREA FOR USE OF CG, US FORCES IN KOREA、一九四五年九月二五日、https://dl.ndl.go.jp/info:ndljp/pid/9885122

＊6　SCAPIN-127 : SUPPLEMENTAL INSTRUCTIONS RELATING TO IMPORT AND EXPORT CONTROLS、一九四五年一〇月一二日、https://dl.ndl.go.jp/info:ndljp/pid/9885190、戦後補償問題研究会編集『戦後補償問題』第九集　解放帰国（引揚）関係資料集、一九九四年、六三頁

＊7　朝鮮人強制連行実態調査報告書編集委員会『北海道と朝鮮人労働者　朝鮮人強制連行実態調査報告書』北海道、一九九九年、四二一～四二二頁

＊8　第七四軍政中隊から第八軍司令部への送付書、一九四六年五月五日、戦後補償問題研究会編集『戦後補償問題』第八集、一九九三年、四七頁

援を頼みます。ところが、二五日の夜、警察隊が襲ってきたと勘違いした中国人労働者ら四〇〇人が警官と衝突し、街は騒然となりました。

中国人労働者の行動に刺激され、朝鮮人労働者も一〇月八日に立ち上がり、朝鮮人労働組合を結成して激しい賃金闘争を繰り広げました。この紛争は、一〇月九日から夕張に常駐する米軍が布告を発し、鎮圧しました[9]。

夕張市長および道内の鉱業町村の首長らは一九四五年一〇月七日から九日間上京し、運輸省、厚生省、終戦中央連絡事務局、船舶運営会、石炭統制会、東亜交通公社など関係機関に実情を伝え、早期帰国を求めています[10]。

室蘭では、一〇月一二日に、室蘭港運に就労させられていた中国人労働者による市内最大の蜂起が起きました。賃金や待遇が募集要項と異なっていたため、中国人は募集ビラを会社に突きつけ、賃金を要求する団体交渉を何度か行いました[11]。

翌一三日、米軍部隊が札幌から派遣され、レーダー大佐が指揮する約二五〇人がその処理にあたりました。

一五日には、日本製鉄の朝鮮人労働者が同社総務部長を監禁するという事件が起き、クーニー中佐が指揮する第七七歩兵師団第三〇七連隊第一大隊の約七五〇人の兵士が室蘭に到着しました[12]。

北海道の炭鉱でのストライキ

日本政府もＧＨＱも、北海道の炭鉱の状況を危惧します。朝鮮人・中国人労働者がストライキを決行し、日本人労働者の出勤率も著しく低下したため、北海道の石炭生産量は激減していました。これは北海道だけではなく、日本経済再建にとっても重大な問題でした。

ＧＨＱには、横浜の第八軍から北海道および常磐《じょうばん》炭田方面に派遣されていたジェームス中尉から、事態は最悪で放置しておけないとの情報が入っていました。一〇月二一日付の第八軍司令官宛の常磐炭田に関する報告書によると、「朝鮮人労務者の問題は極端に緊迫している。彼らは暴動を起こし、幾多の紛争が発生している。この根本には帰国要求にあるが、食糧不足が重大な原因にもなっている。……同炭田を復興するには、朝鮮人の急遽帰国、炭鉱労務者に対する食糧供給の増加などが必要」という内容でした。[*13]

北海道でも一〇月下旬に、一〇月四日に小樽港に上陸した札幌駐屯の第七七師団ブルース少将が、米軍駐留のためには石炭が必要になることから、朝鮮人・中国人の協力を請う旨の「北海道所在炭鉱における朝鮮人・中国人に対する布告文」を出しています。それには、「米軍は朝鮮人・中国人の利益を十分に尊重すべきである」とし、日本政府には、「かれら労務者に支払うべき賃金等を明示す

＊9　夕張市史編さん委員会『夕張市史　下巻』、一九八三年、三四〜三六頁
＊10　夕張市史編さん委員会『夕張市史　上巻』、一九八三年、二九三〜二九四頁
＊11　室蘭市史編さん委員会『新室蘭市史』、一九八七年、三七六〜三八一頁
＊12　『日本製鋼所社史資料　創業より五〇年間の歩み　上巻』、一九六八年、二八一頁
＊13　「連合軍の本土進駐並びに軍政関係一件　朝海終連総務部長の報告書集録」その一、一九四六年八月、外務省外交史料館、https://www.jacar.archives.go.jp/das/image/B18090098400

る」「日本側の不法な取り扱いは厳重処罰すべきである」と指示しています。また、「朝鮮人・中国人の治安攪乱行為もまた許容されず、平穏に職務に従うこと」との記述もありました。

この事態を憂慮した商工省石炭課長は、終戦連絡中央事務局を通し、第八軍による現地視察を打診します。日本から要請を受けたとき、第八軍バラード大佐はすでに北海道の状況を把握しており、自ら部下将校四人と共に北海道方面への急行を快諾します。

ただ、ＧＨＱの関心は、「占領軍の石炭を確保できるかどうか」であり、「日本政府が石炭の増産もしくは生産維持に困難を感じ、増産の障害の原因が朝鮮人・中国人問題にあると日本政府が説明するので、ＧＨＱは日本側に協力の用意がある」という立場でした。

石炭の欠乏がこのまま続き、もし日本がここで処置を誤れば、日本経済の復興に支障をきたすと懸念しながらも、「この問題の解決は日本側の責任」と認識していたのです。

ブルース少将の布告では、石炭生産への「朝鮮人・中国人の協力」を訴えていましたが、バラード大佐は北海道視察前の段階で、これだけの騒ぎになった後に朝鮮人・中国人が落ち着いて仕事を継続することはないであろうとみていたようです。日本側もこの時点ではもはや朝鮮人・中国人労働者の労力にはあまり期待しておらず、できるだけ早く帰国させることを希望する状況だったとみられます。

敗戦当初の策略はこうして早々に破綻したため、ＧＨＱと日本政府は、朝鮮人労働者を早急に帰国させ、日本人労働者を補充して石炭を増産する方針に転換せざるを得なかったようです。

バラード大佐一行の視察は、一九四五年一〇月下旬から一一月にかけての一〇日間にわたり実施されました。

同行者は、米軍側からバラード大佐および経済関係将校四人（プリンスフィールド大尉、プロムルー大尉、メトカルフ大尉、ロス大尉）、日本側は、終戦連絡中央事務局総務課の朝海浩一郎課長（一九四六年八月発行の史料では「朝海終連総務部長」という肩書になっている）、商工省石炭課長ほか一人、そして、朝鮮側から、朝鮮援護団体中央委員会の朝鮮人三人です。この三人は、第二章で触れた朝鮮臨時政府代表と偽って後日逮捕された人たちです。

紛争解決に動いたＧＨＱ

第八軍視察団一行は、一一月四日に札幌の第七七歩兵師団司令部で会議を開きます。出席者は、米軍側が、第七七師団司令部ランドル代将、クック中佐ほか七、八人、第八軍バラード大佐一行五人、朝鮮側代表三人、日本側からは、朝海総務課長、商工省石炭課長、北海道庁内政部長および係官、北海道地方鉱山局総務部長ほか係官でした。

議長のバラード大佐は、「朝鮮人・中国人を大至急帰国させるために、一一月一五日以降、青森から鉄路で毎日一〇〇〇人の朝鮮人・中国人を送還し、一二月一日からはさらに一〇〇〇人を海路輸送で帰国させることとしたい」と断言しました。

さらに、「事件の発生を防止するため、日本と朝鮮人相互に相手方を尊重すること」「賃金は日本人への支給額と同等にし、生活条件も同様にすること」も指示します。

そして、帰国に際しての持ち帰り金は一〇〇〇〇円とし、その限度を越す額については領収証を発行して帰国朝鮮人に手渡し、後日、日本と朝鮮の通貨間の為替相場が決定し、銀行業務が開始されたら、朝鮮人は朝鮮において領収証を提示して金銭を受領することも確認しました。

この会議で、朝海課長は、日本側が必要と認める場合には、帰国前に朝鮮人と中国人――特に中国人を一定地域に収容したいと発言し、米軍側の同意を得ています。また、「輸送は中国人に重点を置き、ついで朝鮮人にする」「この措置は炭鉱労務者に限らず室蘭の中国人港湾労務者にも適用する」ことも申し出ています。

東京を出発する前に、運輸省から室蘭の中国人労働者の状況を聞いていた朝海課長の要請で、バラード一行は一一月五日に登別《のぼりべつ》経由で室蘭に赴きました。登別には室蘭方面の中国人港湾労働者が多数滞在し、暴行無銭飲食などを行っているとの報告があったようです。

五日、バラード大佐は登別市中を視察し、室蘭進駐司令官タイラー中佐からの聴取の後、「中国人・朝鮮人の取り扱いは公正に行うこと」「異端者がこの付近をうろつくことは絶対許容しない。日本警察に取り締まりの許可を与え、必要であれば米軍が協力する。その結果、国際問題を生じたとしても、全面的に弁護支持する」「中国人・朝鮮人労働者は速やかに帰国させ、必要の場合は、帰国に先立ちいずれかの地点に集中させてもかまわない」「中国人労働者が許可なく室蘭市街を出て彷徨することを禁じる」と指令を出しました。

翌六日、一行は室蘭に向かいます。朝海課長は、バラード大佐とタイラー司令官に対し、中国人労働者をなるべく速やかに帰国させるよう申し入れます。タイラー中佐は、札幌のランドル代将とも連絡を取り合い、至急帰国を斡旋すると回答しました。

バラード大佐はこの日、日本製鋼室蘭製作所を訪れています。その目的は、「民需生産転換状況視察」とあります。室蘭進駐司令部は、日本製鋼室蘭製作所の施設を接収して使用していました。[＊14]

一行は七日、函館を視察し、ここでも室蘭と同様、現地司令官のバーネル少将およびジャーヴィス大佐と打ち合わせをします。その後、バラード大佐は朝海課長に、「日本警察は明らかな暴力行為、窃盗行為を厳重に処分して差し支えないが、状況はその都度速やかに米軍に連絡すること。日本警察の取り締まり能力と、こうした不法行為を米軍も支持していないことを徹底すれば、自然彼らも不法行為を躊躇するにいたるだろう。本方針は現地米軍にも指令済みである」と述べたとあります。

バラード大佐の北海道視察の最中、一一月一日に、GHQ高級副官部補佐H・W・アレン大佐の名の覚書で、朝鮮人や中国人など非日本人の帰国に関する具体的な方針が発表されました。[＊15] 復員軍人、強制労働者、その他の順に、特に東北地方の中国人および朝鮮人炭鉱労働者を優先して、一一月一四日から一日一〇〇〇人の輸送を開始するとの内容です。そして日本政府に、移動の指示があるまで帰国希望者を現住所に居住させるよう指示し、帰国者数を毎週報告するよう求めています。三日後の一一月一七日付覚書では、東北地方に加えて北海道の中国人および朝鮮人炭鉱労働者も優

＊14『日本製鋼所社史資料　創業より五〇年の歩み　下巻』、一九六八年、二八一～二八二頁
＊15 SCAPIN-224：REPATRIATION OF NON-JAPANESE FROM JAPAN、一九四五年一一月一日、https://dl.ndl.go.jp/info:ndljp/pid/9885288

先的に帰国させるよう指示しました。[*16] 北海道が入ったのは、札幌会議でのバラード大佐の発言を受けてのことだと思われます。

一一月末まで頻発した朝鮮人・中国人労働者の暴動は、GHQの協力を得て万全の警備にあたったこともあり、次第におさまっていきました。夕張地方では労働者の大半が年末までに帰国しますが、GHQは一時期、百数十名駐屯し、朝鮮人の帰国がほぼ終了した一二月中旬に撤退しています。[*17]

そして、朝鮮人労働者の帰国はほぼ計画に沿って進められました。一九四六年(昭和二一年)二月の道庁長官「事務引継書」によると、「終戦直後における在道朝鮮人は移入および先住を含み合計一〇万七四一一名なり。このうち第一次輸送計画において移入朝鮮人八万八〇四名を送還……一月三〇日現在にて朝鮮人一万二八三人送還、いまだ一万六三二四人残留しており、これに対し来る二月一五日までに完了すべく努力中」とあります。動員された朝鮮人労働者の輸送は一九四六年はじめにはほぼ終了しました。[*18]

しかし、未払い金の問題を残すことになります。

＊16 SCAPIN-295：REPATRIATION OF NON-JAPANESE FROM JAPAN、一九四五年一一月一七日、https://dl.ndl.go.jp/info:ndljp/pid/9885359

＊17 夕張市史編さん委員会『夕張市史　上巻』、一九八三年、二九三〜二九四頁

＊18 朝鮮人強制連行実態調査報告書編集委員会『北海道と朝鮮人労働者　朝鮮人強制連行実態調査報告書』北海道、一九九九年、四二七頁

第一一章　「未払い金」をめぐる日本政府の対応

未払い金をめぐる在日朝鮮人連盟との交渉

未払い金とは、本人に支払われずに企業の手元に残った賃金や預貯金、給付金などをいいます。戦後、朝鮮人団体などが、すでに帰国した労働者や死亡者などの未払い金の引き渡しを雇用主に要求しますが、最終的に日本政府は供託させ、朝鮮人の未払い金を没収します。

日本政府は帰国計画を進める一方、一九四五年（昭和二〇年）九月一日の通達で、帰国を待つ朝鮮人を引き続き雇用し、「賃金の支給については当座の小遣いとして必要なる程度の現金を本人に手渡し残額は各人名義の貯金として事業主において保管」するよう事業主に指示しました。ただし、この措置は「朝鮮内との通信杜絶によるやむを得ざるものにして将来帰鮮の際貯金は必ず本人に渡す旨の周知徹底を図ること」とも明示しています。

しかし、この貯金は帰国後に渡されてはいません。敗戦後に事業主から何も受け取らずに帰国した労働者の賃金や貯金などの未払い金もそのままでした。

朝鮮人労働者の未払い金をめぐっては、さまざまな朝鮮人団体が各事業場に支払いを求めて活動していきます。なかでも、一九四五年一〇月一五日に結成された在日朝鮮人連盟（以下、朝鮮人連盟）は、慰謝料や未払い賃金などを支払うよう各地で事業主にかけ合いました。当初日本政府は、帰国者の援護に当たる朝鮮人連盟の協力を得策と考えましたが、次第に封じ込めを強めていきます。

最初に大きな争議になったのは、朝鮮人連盟に支援された朝鮮人労働者と古河足尾《ふるかわあしお》鉱山です。一一月三日、朝鮮人労働者は、慰謝料などを事業主に要求しました。古河鉱山の依頼を受けた厚生省はＧＨＱの意向を踏まえて、調停案を作成します。これを朝鮮人連盟は拒否し、対立が続いた末、足尾進駐軍の調停で、一二月五日に和解が成立しました。

翌一九四六年（昭和二一年）一月七日、朝鮮人連盟中央本部は、日本建設工業統制組合傘下の大手土木建築一四社に、所属する朝鮮人労働者の補償を要求します。統制組合側は内務省警保局長宛に朝鮮人連盟への対策を要請し、ＧＨＱにも協力を求めました。これを受けて日本政府は、朝鮮人各種団体が補償を要求する際の不法行為に対する検挙・取り締まりを強化します。[*1]

ＧＨＱもまた、一九四六年三月六日、朝鮮人連盟ら在日朝鮮人団体の代表者を招き、日本政府代表者の立ち会いの下、朝鮮人は「日本市民でも、連合国人でもない、解放された市民である」とし、「社会安寧の立場から全般的に日本の法律に従うべき」と命じました。次いで、一三日には、マーナム大佐が朝鮮人連盟幹部を招き、内務省保安局長および公安局長の立ち会いの下に、「不当要求は今後絶対しないこと」「朝鮮人および台湾人は連合国人としてではなく、日本人と同一の取り扱いをする」と言い渡しました。[*2]

日本製鉄釜石製鉄所で起きた争議

日本製鉄のなかで朝鮮人労働者との大きな争議が起きたのは、日本製鉄釜石製鉄所でした。[＊3] 朝鮮人連盟岩手県本部は一九四五年（昭和二〇年）秋に、日本製鉄釜石製鉄所とその関連事業所を相手どって、死没者や逃亡者等の未払い賃金、預貯金といった未払い金の委託を要求しはじめました。しかし、製鉄所はこれを拒否します。

年が明けた三月二五日にも朝鮮人連盟岩手本部幹部は釜石製鉄所を訪問し、新たな要求条件を文書で提出して未払い金の委託を再度要求しました。

釜石製鉄所総務部長が即答を避けたため、朝鮮人連盟側は釜石製鉄所側の回答に激怒し、事態が悪化します。その一方で、釜石製鉄所は本社の総務部長に、死没者の賃金、逃亡者や一時帰鮮して戻らない人の預貯金・未払い賃金などの連盟への委託を了承するよう願い出ています。

四月五日、岩手県内務部長主催の懇談会が開かれ、関係企業代表と朝鮮人連盟、岩手県職員が参

＊1　山田昭次・古庄正・樋口雄一『朝鮮人戦時労働動員』岩波書店、二〇〇五年、一三七～一三八頁

＊2　古庄正「連行朝鮮人未払い金供託問題」、戦後補償問題研究会編集『戦後補償問題』第七集　未払金・軍事郵便貯金関係、一九九二年、一三一頁

＊3　古庄正「日本製鉄株式会社の朝鮮人強制連行と戦後処理――「朝鮮人労働者関係」を主な素材として」駒澤大学経済学論集　第二五巻第一号、一九九六年六月、三四～四〇頁、四三～五五頁、http://repo.komazawa-u.ac.jp/opac/repository/all/10783/KJ00005119841.pdf

加し、盛岡進駐軍が立ち会いました。朝鮮人連盟側は要求の姿勢を変えず、両者の主張は真っ向から対立します。

こうした朝鮮人連盟の要求に対し、鉄鋼業界は断固たる態度で検挙取締の徹底を図り、日本製鉄本社もその方針に従います。四月二四日、各製鉄所長宛に「在日本朝鮮人連盟の要求に対する処理方針の件」という文書を送り、朝鮮人連盟の補償要求に対する対応策を指示しました。

その内容は、「朝鮮人連盟は自治的団体であり、政府やＧＨＱと政治的関係はない」「朝鮮人連盟は当該朝鮮人労務者本人から正式に委任を受けたのではなく、民法に定める正当な代理人とはみなされない」「朝鮮人連盟の提出する要求条件において不当なものに対しては、警察当局と緊密な連絡をとり、彼らの暴行脅迫等により不利益な条件下に屈服することのないよう善処すること」など八項目にのぼります。

前述した日本製鉄輪西製鉄所が朝鮮人連盟の要求に応じなかったのは、本社からの指示とも関係があったと思われます。

釜石製鉄所の要求についての懇談会が物別れに終わり、結局、岩手県当局が朝鮮人連盟と折衝して、慰謝料（補償金）支給の調停案を策定し、六月七日、岩手県内務部長から県内の各関係企業に提示されました。

釜石製鉄所長は本社に、調停案を受け入れるよう求めましたが、日本製鉄本社は、調停案の拒否を釜石製鉄所に命じます。

岩手県の調停案は、朝鮮人連盟の要求を容認したものであり、〝不当要求〟として取り締まりたい日本政府と企業、そして「不当要求は今後絶対しないこと」と指示したＧＨＱに大きな衝撃を与えました。

日本政府は、〝不当要求〟の根拠を示すために、一九四六年六月二一日付通牒「朝鮮人、台湾人及び中国人労務者の給与等に関する件」[*4]を策定します。その主な内容は、「賃金については一九四五年一一月二八日以前、退職金については同年九月二日以前にさかのぼって要求することは法的根拠がないばかりでなく不当である」「朝鮮人連盟やその他の類似団体は労働組合法第二条の規定に該当する労働組合ではないので事業主と賃金交渉したり、金を集めたりする権限をもたない」というものでした。

岩手県内務部長はこの通牒を受けて、九月二六日、調停案を白紙撤回します。そして、朝鮮人連盟に通告すると同時に、連盟への寄付を提案しました。業者は協議の結果、連盟事務費として、一〇〇〇～五〇〇〇円の寄付で合意し、日本製鉄本社に同意を求めました。しかし、東京の本社は、厚生省および内務省や炭鉱関係機関の意向を踏まえ、この案についても拒絶の決定をしました。

朝鮮人労働者の未払い金を供託させる

こうしたなか、日本政府は一九四六年（昭和二一年）夏から未払い金を供託させる方針を固めてい

＊4　戦後補償問題研究会編集『戦後補償問題』第七集　未払金・軍事郵便貯金関係、一九九二年、六六～六九頁

きます。「供託」とは、企業が日本政府に未払い金を引き渡すことです。

一方、ＧＨＱも未払い金の処理に動いていたようです。一九四五年（昭和二〇年）一〇月二九日付覚書[5]により、北海道の炭鉱の未払い金回収を進めていました。一九四六年五月五日付の送付書[6]には、「日本政府に対し、帰国した朝鮮人の未払い金を連合軍預託金口座に入金するよう要請命令を出したら、総合的かつ統一的な未払い金の手続きが確実になる」ともあります。

ＧＨＱは六月時点で、未払い金要求を受け付けて処理する機関の設置計画も検討していました。未払い金は返還されるべき資金であり、個人の請求ではなく、まとめて返還すべきであると、ＧＨＱは認識していたようです。後述しますが、ＧＨＱは五月末から、北海道で回収した未払い金の送金に向けて具体的な検討をしています。

ＧＨＱの六月一六日付覚書[7]には、「朝鮮人連盟は正真の労働組合ではないため、個々の事業主と賃金その他に関する交渉を行う権限はないが、日本政府に対して解決のための陳情を要求することは妨げるものではない」とあります。実際、朝鮮人連盟中央総本部は、一九四六年五月中旬から厚生省を訪ね、朝鮮人労働者の賃金等について、事業主と朝鮮人連盟との交渉の場を斡旋するよう迫っていました。

それと同時期に、日本政府のほうは供託の準備に入ります。一九四六年六月一七日、厚生省は各地方長官宛に「朝鮮人労務者に関する調査の件」を通達し、管轄下の事業所が雇用する朝鮮人労動者の本籍地、入退所年月日、退所事由及び処遇、未払い金額などの調査を命じました。[8]

同日、「朝鮮人その他の労務者の給与等に関する件」で「労働組合法第二条の規定に基づく労働組合にあらざる朝鮮人連盟その他の類似団体は……個々の事業主と積立金その他の給与に関して交渉することは認められない」とし、一二日には、「朝鮮人、台湾人、および中国人労務者の給与等に関する件」で、「労働組合にあらざる朝鮮人連盟その他の類似団体は現に日本にいるか、または既に帰国した朝鮮人、台湾人及び中国人のために賃金に関して事業主と交渉する権限を有しないし、また金を集める権限も有しない」との通達を各地方長官宛に送っています。

次いで翌七月一一日、厚生省は府県内務部長および教育民政部長宛の「朝鮮人労務者等の給与等に関する件」で、「現在朝鮮人連盟は法人格をもつ団体ではない」と繰り返し、「朝鮮人労務者等に対する未払金その他の処理については債務履行地の供託所に供託せしめることとする方針で目下司法省その他関係先と連絡し研究中である」と追記しました。[*9]

供託の動きを察知した朝鮮人連盟中央総本部は、厚生省を訪れ、同連盟への未払い金の委託を要

＊5　経済科学局財政課よりＧＨＱ参謀長への覚書、戦後補償問題研究会編集『戦後補償問題』第八集　ＧＨＱ関連文書集(朝鮮人未払金政策等)、一九九三年、三五頁

＊6　第七四軍政中隊から第八軍司令部への送付書、一九四六年五月五日、戦後補償問題研究会編集『戦後補償問題』第八集　ＧＨＱ関連文書集(朝鮮人未払金政策等)、一九九三年、四六〜五〇頁

＊7　経済科学局の忘備録草案、戦後補償問題研究会編集『戦後補償問題』第八集　ＧＨＱ関連文書集(朝鮮人未払金政策等)、一九九三年、八二頁

＊8　古庄正「日本製鉄株式会社の朝鮮人強制連行と戦後処理――「朝鮮人労働者関係」を主な素材として」駒澤大学経済学論集、一九九六年六月、五五頁、http://repo.komazawa-u.ac.jp/opac/repository/all/10783/KJ00005119841.pdf

＊9　戦後補償問題研究会編集『戦後補償問題』第七集　未払金・軍事郵便貯金関係、一九九二年、六五〜七二頁

請しましたが、厚生省はこれをはねつけました。

一九四六年（昭和二一年）一〇月一二日、厚生省は地方長官に未払い金を供託するよう指示します。これによって事業主は、朝鮮人・台湾人・中国人労働者に支払うべき賃金、退職金、積立金、預金、有価証券などの未払い金を供託するとともに、それが完了したら、供託書番号、供託年月日、受取人の氏名、本籍、未払い金の内訳などを記した供託報告書三部を地方長官へ提出することを義務づけられました。

一九四六年一二月一日には、労働省から地方長官宛に、未払い金の処理を済ませていない事業場に対し、「供託の処置を速やかにとるよう指導する」ことを促しています。*10

供託の時期は企業により異なりますが、日本製鉄の場合、釜石製鉄所は一九四六年一二月、八幡製鉄所は一九四七年一月、大阪製鉄所は一九四七年三月に供託を完了しています。*11

日本政府は、事業主に未払い金を供託させる際、受取人の氏名などを記録した供託金報告書の提出を命じましたが、供託について、債権者である朝鮮人労働者には通知しませんでした。

朝鮮人労働者の未払い金はどのくらいあるのでしょうか？　日本政府や企業はその資料を公開していません。

政府が認めた朝鮮人労働者の未払い金は一億一〇八四万円

一九四九年（昭和二四年）五月一二日、駐日韓国大使はＧＨＱ民間財産管理局に、「一九四五年八

月一五日まで日本で雇用されていた韓国国籍の軍人および徴用労働者の賃金、特別手当、退職金、保険料、年金などの未払い金を調査・解決することを求める」文書を送りました。

これを受けて、六月七日、GHQ民間財産管理局は日本の大蔵省に文書「韓国からの請求の件」で、「朝鮮総督府により韓国で雇用されていた韓国人」「日本政府により日本で雇用されていた韓国人」「日本軍に所属していた韓国人」「その他の業務・労働に従事させられていた韓国人」について、一九四五年（昭和二〇年）九月一五日以降日本に保管されている資金に関する調査と詳細な報告書を提出するよう命じます。報告書では、この資金の処置経過、現在高、所在地を明記することも指示しています。[*12]

次いで七月一九日、GHQ総司令部は日本政府に、外国人債権者のための円建て預金口座を開設するよう指示します。その目的は、GHQ総司令部に指定された旧植民地や占領地の人を含む非日本居住の外国人債権者などへの未払い金を預けることにありました。[*13]

大蔵省は関係省庁、および労働省に調査を求め、一二月二一日にGHQ民間財産管理局外国財産課宛に「「韓国からの請求」に関する調査報告書」を提出しました。[*14] この報告書は、二〇〇八年（平成

＊10　戦後補償問題研究会編集『戦後補償問題』第七集　未払金・軍事郵便貯金関係、一九九二年、七五～八三頁

＊11　山田昭次・古庄正・樋口雄一『朝鮮人戦時労働動員』岩波書店、二〇〇五年、二四七頁

＊12　戦後補償問題研究会編集『戦後補償問題』第八集　GHQ関連文書集（朝鮮人未払金政策等）、一九九三年、一三七頁、一三九～一四〇頁

＊13　SCAPIN-2030：FOREIGN CREDITORS' YEN DEPOSIT ACCOUNT、一九四九年七月一九日、https://dl.ndl.go.jp/info:ndljp/pid/9887478

二〇年）に強制動員真相究明ネットワークによる情報公開請求で開示された「経済協力　韓国一〇五労働省調査　朝鮮人に対する賃金未払債務調」で明らかになりました。[*15]

英語で書かれたこの報告書の冒頭では、「韓国関係残務整理事務所に、韓国人から預けられた資金に関する完璧な記録について通知するよう求めたが、そのような記録は一切所持していないとの回答だった。韓国関係残務整理事務所は、関係する記録を持ち得る唯一信頼できる機関である。その〝事務所〟が記録を所持していないのであれば、我々はこれ以上の調査ができない」とあります。

大蔵省がまとめた、軍人、軍属、労働者の未払い金の合計は、二億三七五六万四一五三円九五銭です。そのうち、労働省がまとめた、企業に雇用されていた朝鮮人労働者分は、一億一〇八四万三二五四円五三銭でした。内訳は次のように記されています。

運輸省の恩給、郵政省の給与および手当、林野局の給与および郵便貯金といった日本政府の雇用が二二件で五九二〇円八六銭。宮内庁の恩給および手当が五一件で七九〇三円八六銭。軍隊は、陸軍が、兵士七万七〇〇〇人と軍属三万八〇〇〇人の計一一万五〇〇〇人分、九〇〇〇万円。海軍が、司令本部、横浜、呉《くれ》、佐世保《させぼ》、舞鶴《まいづる》の五万五八二三人分の五六三〇万一四三一円七七銭。

そして、労働者を含むその他の朝鮮人の未払い金として、ひとつは、運輸省が使役した船員三二一人分の四一万七五〇〇円。それから、法務省に預けた供託金、一二万九二三六人分の六〇九八万八一四二円九三銭。もうひとつは、労働省の調査で確認された民間企業の労働者の未払い金、合計一億一〇八四万三二五四円五三銭（合計で誤差あり）です。内訳は、事業主から各地の供託所に預けた給与および手当が三万二七〇〇人分の四五八万二四〇一円五四銭。炭鉱および工場が預金させていた分と

して、郵便貯金九四五万四二八円〇三銭、三〇〇人分の銀行預金一万三四六五円四九銭、有価証券五万五四四八円五七銭、未払い金九六七四万一五一〇円九〇銭です。

一九五〇年（昭和二五年）一月一六日、GHQ民間財産管理局から大蔵省への覚書で、「韓国からの請求」で指定された全未払い金を、前年七月一九日に開設を指示した外国人債権者のための円建て預金口座に速やかに入金するよう日本政府に命じます。併せて、資金の種類（工場の賃金、軍の給与など）、金額、受取人の氏名を明記した完璧な報告書をGHQに提出することも求めています。[*16]

GHQのこの指令を受け、各地域の供託所に預けられていた供託金は、東京法務局のみで取り扱われることになります。一九五〇年二月二八日、「国外居住外国人等に対する債務の弁済のためにする供託の特例に関する政令」（政令二二号）が公布され、日本銀行の「外国債権者円及び有価証券預託勘定」に入金されました。同時に、供託金報告書も東京法務局で一括管理され、政令で定めるまで供託金の時効はないものとされました。

「経済協力　韓国一〇五　労働省調査　朝鮮人に対する賃金未払債務調」に綴られた「帰国朝鮮人労務者に対する未払賃金債務等に関する調査統計」（一九五三年）からは、各企業の供託金や未供託金などが判明しました。また、二〇一一年に公開された労働省調査「朝鮮人の在日資産調査報告書

＊14　「経済協力　韓国一〇五　労働省調査　朝鮮人に対する賃金未払債務調」国立公文書館
＊15　竹内康人編『戦時朝鮮人強制労働調査資料集二　名簿・未払い金・動員数・遺骨・過去清算』神戸学生青年センター出版部、二〇一二年、三九〜五〇頁
＊16　戦後補償問題研究会編集『戦後補償問題』第八集　GHQ関連文書集（朝鮮人未払金政策等）、一九九三年、一四九頁

綴」（一九五〇年）は、各都道府県の労働基準監督署が各事業所の未払い金を調査した報告書と供託経過を示す文書などで構成され、未払い金の実態がより具体的に示されています。[*17]

＊17　竹内康人編『戦時朝鮮人強制労働調査資料集：二　名簿・未払い金・動員数・遺骨・過去清算』神戸学生青年センター出版部、二〇一二年、四四頁、四七〜四八頁、一五四〜一八七頁

第一二章　ＧＨＱが管理した北海道における「未払い金」

ＧＨＱによる「送金指令」

ＧＨＱは敗戦の二カ月後に、帰国した朝鮮人の賃金や預金、死亡した朝鮮人労働者の死亡手当といった未払い金の措置について指令を出しています。事業主から未払い金と名簿を回収し、連合軍預託金口座でいったん保管した後、一括して朝鮮に送金して、受給者に支払うという方法です。日本政府は府県の未払い金を供託所に供託させますが、北海道の未払い金は連合軍預託金口座に一時期預けられました。最終的にはその未払い金も供託金として日本政府に引き渡されますが、北海道は他府県とは違う経緯をたどります。

前述したように、北海道の炭鉱での暴動の原因がＧＨＱの送金不可の措置にあったと把握したＧＨＱは、一九四五年（昭和二〇年）一〇月二九日に経済科学局クレーマー大佐の覚書「北海道炭鉱の朝鮮労働者の預金および賃金の送金の件」で、送金の具体案を示します[*1]。

そのなかでまず、「労働者は賃金の一部を預金して朝鮮に送金するのを習慣にしており、事業主

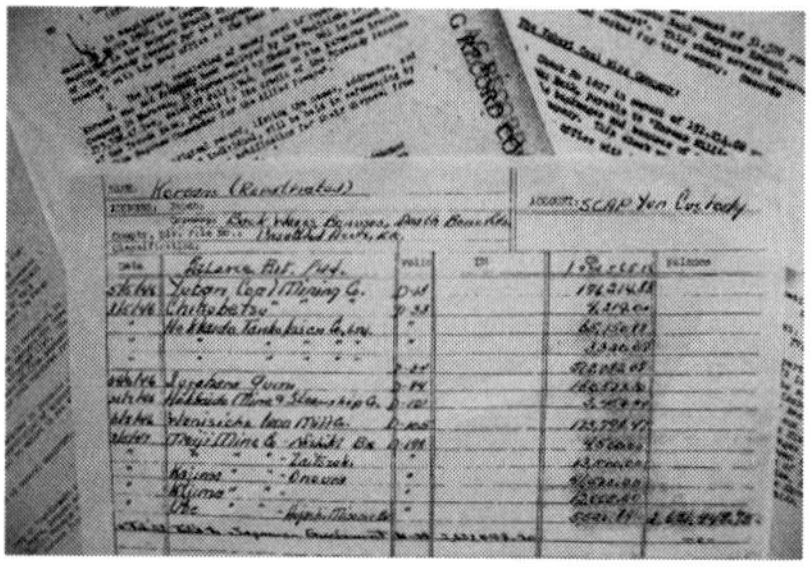

未払い金のゆくえを一部明らかにするＧＨＱ文書。

は朝鮮の家族が賃金の一定額を定期的に受け取る手配をしていた。しかし、ＧＨＱの規定でこうした送金や支払いが禁止されたため、朝鮮人は不満を抱き、その結果、北海道の石炭生産量の減少を引き起こした」と説明しています。

そこで、「朝鮮に送金するために賃金の一部を貯金し、朝鮮通貨で朝鮮に住む家族に支払うことを引き続き認める」のが望ましいと判断します。ただ、日本円を朝鮮に直接送金するのではなく、「日本円で受け取った貯金などを日本銀行の連合軍特別口座に入金し、朝鮮軍政府の石炭購入資金を未払い金に充てる」と提案します。

つまり、日本円の未払い金分に相当する朝鮮ウォンを石炭購入額から差し引き、朝鮮の家族に朝鮮通貨で支払います。そして、日本銀行から未払い金額を引き落として、石炭購入額に計上して相殺するという方法です。

同日、Ｈ・Ｗ・アレン高級副官部補佐は東京の終戦中央連絡事務局宛の覚書（ＡＧ二四八）で、「日本国内の炭鉱の朝鮮人労働者に対し、送金および朝鮮の家族への支払いの再開を許可する」方針を通知します。そして、送金したい預金を定期的に日本銀行の特別口座に入金する手はずをすみやかに整えるよう指示しました。さらに、労働者の氏名と住所、送金したい金額、朝鮮の家族の氏名と住所を記した報告書の写し四部をＧＨＱに提出するという手続きについて、事業主に電報で通知するよう日本政府に命じます。[*2]

この覚書では、北海道に限定せず、「日本国内の鉱山」と書かれています。少なくとも北海道はこの指令に従い、事業主はＧＨＱに未払い金を引き渡しました。

一九四六年五月五日のＧＨＱ文書に、北海道の事業主から入金済みの二一件の金額、明細の一覧が添付されています。[＊3]

赤平炭鉱：一九四五年一二月一八日に北海道拓殖銀行札幌支店で三万一五〇〇円の小切手（四七八号）を発行。朝鮮軍政府に入金可能。同社で就労していて帰国した朝鮮人の賞与。名簿は小切手に添付。

大倉土木：一九四六年二月一日に安田銀行札幌支店で四六六一円の小切手（〇一二一一号）を発行。朝鮮軍政府に入金可能。すでに帰国した朝鮮人炭鉱夫の賃金から控除された旅費の返済分。名簿は小切手に添付。

大夕張炭鉱：一九四六年二月二日に北海道拓殖銀行札幌支店で一万六九〇円の小切手（一〇三二号）を発行。朝鮮軍政府に入金可能。同社で働いていたときに負傷して帰国した朝鮮人の補償

＊1　経済科学局財政課からＧＨＱ参謀長への覚書、戦後補償問題研究会編集『戦後補償問題』第八集　ＧＨＱ関連文書集（朝鮮人未払金政策等）、一九九三年、三五頁

＊2　SCAPIN-207：PAYMENT OF SAVINGS AND ALLOTMENTS IN KOREA OF KOREAN LABORERS IN JAPANESE COAL MINES、一九四五年一〇月二九日、http://dl.ndl.go.jp/info:ndljp/pid/9885271

＊3　戦後補償問題研究会編集『戦後補償問題』第八集　ＧＨＱ関連文書集（朝鮮人未払金政策等）、一九九三年、五三〜五六頁

給付金。

赤平炭鉱：一九四六年二月一六日に住友銀行札幌支店で四万五〇八五円九六銭の小切手（六〇五号）を発行。朝鮮軍政府へ入金可能。賞与、負傷の補償給付金、死亡した炭鉱夫の家族に支払われる遺族給付金。名簿は小切手に添付。

昭和電工：一九四六年二月二六日に北海道拓殖銀行で二万四三〇〇円の小切手（八一九号）を発行。第七四軍政中隊に入金可能。豊里炭鉱の炭鉱夫の賞与。名簿は小切手に添付。

三井美唄炭鉱：一九四六年二月二八日に北海道拓殖銀行札幌支店で一〇万一九三四円四三銭の小切手（一二三〇号）を発行。朝鮮軍政府の口座向けにＧＨＱに入金可能。同社で就労していて帰国した朝鮮人の賃金と賞与。名簿は小切手に添付。

日本復員局：一九四六年三月二日に北海道拓殖銀行札幌支店で一八二四円六六銭の小切手（九一二号）を発行。軍政府に入金可能。一三人の朝鮮人労働者の遺骨を朝鮮に住む家族へ送るための費用。遺骨は本州の下関で集められたと復員局が報告。

日本復員局：一九四六年三月二日に北海道拓殖銀行札幌支店で一万六五七四円七八銭の小切手（九一三号）を発行。軍政府に入金可能。前述の遺骨となった犠牲者の遺族に支払われる遺族給付金。合計のうち、五一七円〇四銭は、二人の朝鮮人の遺体から得た私物の現金。

万字炭鉱：一九四六年三月五日に北海道拓殖銀行で三八〇〇円の小切手（九三五号）を発行。朝鮮軍政府の口座向けにＧＨＱに入金可能。死亡した朝鮮人炭鉱夫の死亡手当と恩給に、朝鮮に住む家族へ犠牲者の遺骨を輸送する費用三〇〇円を加算。名簿は小切手に添付。八三人分の補償給付金。

大日本電力株式会社：一九四六年三月七日に北海道拓殖銀行で一一万三五〇〇円の小切手（九四九号）を発行。朝鮮軍政府の口座向けにＧＨＱへ入金可能。帰国した朝鮮人二三七人の賃金と賞与の決算分。名簿は小切手に添付。

幌内炭鉱：一九四六年三月九日に帝国銀行札幌支店で五万九七〇五円五〇銭の小切手（〇九九三〇号）を発行。朝鮮軍政府の口座向けにＧＨＱに入金可能。帰国した朝鮮人の賃金、賞与、死亡手当。名簿は小切手に添付。

空知炭鉱：一九四六年三月二〇日に安田銀行札幌支店で三万八七四一円〇三銭の小切手（四六ー三八八　ＧＮＯ一九一二号）を発行。朝鮮軍政府に入金可能。帰国した朝鮮人の未払い賃金と賞与。名簿は小切手に添付。

菅原組：一九四六年三月二〇日に安田銀行札幌支店で一〇万八九二三円一九銭の小切手（六一一二号号）を発行。連合軍預託金口座へ入金可能。死亡した朝鮮人の家族への遺族給付金。名簿は小切手に添付。

菅原組：一九四六年三月二〇日に安田銀行札幌支店で二万二〇〇〇円の小切手（六一一三号）を発行。連合軍預託金口座へ入金可能。死亡した朝鮮人の家族への遺族給付金。名簿は小切手に添付。

菅原組：一九四六年三月二〇日に安田銀行札幌支店で一万八八五七円二五銭の小切手（六一一三号）を発行。連合軍預託金口座へ入金可能。死亡した朝鮮人の家族への遺族給付金。名簿は小切手に添付。

幌内炭鉱：一九四六年三月二八日に帝国銀行札幌支店で二七万五〇五円八八銭の小切手（〇六七五〇号）を発行。連合軍預託金口座へ入金可能。当炭鉱に所属する五鉱山で働いていた帰国した朝鮮人の賃金、賞与、死亡手当。名簿は小切手に添付。

雨竜電力株式会社：一九四六年三月三〇日に帝国銀行札幌支店で九〇三六円七三銭の小切手（〇四九二八九号）を発行。帰国した朝鮮人の死亡手当および賃金。

雨竜電力株式会社：一九四六年三月三〇日に帝国銀行札幌支店で三万八三七二円七二銭の小切手（〇四九七〇号）を発行。連合軍預託金口座に入金可能。帰国した朝鮮人の死亡手当および賃金。名簿は小切手に添付。

雨竜電力株式会社：一九四六年三月三〇日に北海道拓殖銀行札幌支店で五〇万八四八七円の小切手（一七九〇号）を発行。連合軍預託金口座に入金可能。帰国した朝鮮人の家族手当の決算分。名簿は小切手に添付。

東幌内炭鉱：同社で就労していて帰国した朝鮮人の名簿と所有物が入っていた封筒から回収した現金一〇六五円。

夕張炭鉱：一九万一二一四円八八銭の小切手（一〇二七号）を北海道拓殖銀行札幌支店で発行。朝鮮軍政府に支払い可能。同社で就労していて帰国した朝鮮人の未払い賃金と賞与。

日本銀行札幌支店への入金は、三月二〇日までに発行された小切手一四件（幌内《ほろない》を除く）と日付不

北海道の事業者から回収した朝鮮人労働者の未払い金

日付（1946年）	事業者名	金　額
３月22日	三井美唄炭鉱	101,934円43銭
	赤平炭鉱	31,500円
	大夕張炭鉱	10,690円
	東幌内炭鉱	1,065円
	昭和電工	24,300円
	赤平炭鉱	45,085円96銭
	万字炭鉱	3,800円
	大倉土木	4,661円
	空知炭鉱	38,741円03銭
	菅原組	108,923円19銭
	〃	22,000円
	〃	18,857円25銭
	大日本電力	118,500円
	日本復員局	1,824円66銭
	〃	16,574円78銭
４月４日	幌内炭鉱	270,505円88銭
	雨竜電力	9,036円73銭
	〃	38,372円72銭
	〃	508,487円
	幌内炭鉱	59,705円50銭
４月23日	夕張炭鉱	191,214円88銭
５月11日	築別炭鉱	4,319円
	北海道炭礦汽船	65,150円88銭
	〃	3,320円07銭
	北海道炭礦汽船（夕張）	518,082円08銭
	合　計	2,216,652円04銭

1946年７月29日付GHQ民間財産管理局外国財産課長から会計検査官に宛てた覚書、戦後補償問題研究会編集『戦後補償問題』第八集　GHQ関連文書集（朝鮮人未払金政策等）、1993年、68頁より作成

明の東幌内《ひがしほろない》の現金が三月二二日に、幌内の二件と雨竜《うりゅう》の三件の計五件が四月四日に、夕張の一件が四月二三日に行われたようです。[*4] この時点での預け入れ金は一六二万五七八〇円〇一銭です。

ＧＨＱの北海道庁への調査要請

札幌支店への入金がひと通り終わった時点で、第七四軍政中隊（札幌進駐）は、未払い金がかなりの額であることから、計画的にすべて処理するために、未払い金とともに提出された名簿の信憑《しんぴょう》性を精査したうえで支払いを決定することにしました。[*5] 名簿のほとんどは日本語で、名前や住所などは朝鮮語で書かれているため、英語に訳すのであれば、多くの朝鮮人と日本人の翻訳者が必要になるとあり、名簿を調査した翻訳者が受取人の多くは住所が断片的、もしくは住所不明のため、居場所を突き止めるのは容易ではないと言っているとも書かれています。また、名簿は各機関に安全な方法で移送し、支払い手順が指示されるべきであるとしています。

日付は定かではありませんが、ＧＨＱは、北海道庁の朝鮮問題を担当する部署に、まだ回収されていない未払い金を突き止める調査を要請しています。その目的は、正式な権限を与えられていない朝鮮人団体に炭鉱事業主が支払うのを防ぎ、安全に保管するためです。それを受け、商工省管轄の北海道通産事務局炭鉱課が行った調査の結果、「計三二万四二七三円が回収されずに炭鉱会社に保管されており、事業主は処分権を有するとして、通告を待っている」「炭鉱関係者が帰国前に朝鮮人労働者に支払った賃金は合計一二三六万七五〇〇円」ということがわかりました。

また、ＧＨＱは北海道庁外務局長にも、組請負人とほかの事業主に関する情報を提出するよう求めています。

北海道の未払い金は、第七四軍政中隊のピカリル中尉より、一九四六年（昭和二一年）五月一日に東京の日本銀行連合軍預託金口座に送金されました。さらに、五月一一日にも、連合軍預託金口座に四件分が入金されています。築別《ちくべつ》炭鉱の四三一九円、北海道炭礦汽船の六万五一五〇円八八銭および三三二〇円〇七銭、北海道炭礦汽船（夕張）の五一万八〇八二円〇八銭です。この時点で、朝鮮人労働者の未払い金総額は二二一万六六五二円〇四銭となりました。

この入金を受けて、石炭代金を未払い金に充てて送金する準備が進められます。この際、夕張炭鉱の一九万一二一四円八八銭が先行して送金する予定になっていたようです。推測ですが、前年一九四五年一〇月に大きな暴動があったからだと思われます。

五月二七日、経済科学局財政課のマクダーミド中佐がソウルの軍政部の代表を訪問し、帰国した朝鮮人の未払い金の送金に関する全体的な方針について協議しています。「朝鮮の受取人には、朝鮮の通貨で支払われるべきで、北海道から朝鮮語と日本語で書かれた名簿原本が韓国に届いた時点で、現金を家族に支払う」ことで在朝鮮米陸軍司令部軍政庁の財務部関係者と合意に達します。[*6]

＊4　戦後補償問題研究会編集『戦後補償問題』第八集　ＧＨＱ関連文書集（朝鮮人未払金政策等）、一九九三年、六八頁

＊5　第七四軍政中隊から第八軍司令部への送付書、一九四六年五月五日、戦後補償問題研究会編集『戦後補償問題』第八集　ＧＨＱ関連文書集（朝鮮人未払金政策等）、一九九三年、四八〜五〇頁

ＧＨＱ司令本部からの五月三一日付文書で、朝鮮の仁川《にかわ》（インチョン）に駐留する第二四軍団司令官は、ピカリル中尉が五月一日に夕張炭鉱の未払い分を東京の日本銀行連合軍預託金口座に入金したとの報告を受けます。それには、「在朝鮮米陸軍司令部軍政庁は、日本軍政府から輸送した石炭の代金からこの金額を差し引き、添付の名簿の通り帰国した朝鮮人受取人に支払う」指示があり、「日本語と朝鮮語で書かれた名簿は現地から直接郵送の予定」と記されていました。[*7]

五月末、特別顧問のマクグラスは、第七四軍政中隊ピカリル中尉と未払い金の送金について打ち合わせをします。[*8]

六月に入り、この件に関して経済科学局財政課と同局輸出入課の間で、数回の話し合いが持たれました。

六月一一日、ピカリル中尉が参謀長にこの件に関するチェックシートを渡し、第七四軍団軍政府司令本部が、朝鮮に送金するために朝鮮人労働者の未払い金を受け取った経緯を説明しました。[*9] 参謀長は、六月一三日に経済科学局財政課にチェックシートを送り、コメントと同意を求めています。

六月二四日、経済科学局財政課は、同局輸出入課にチェックシートを送りつつ、財政課のジャニング少佐は、マクダーミド中佐がこの件についての事実関係に精通していないことを指摘し、同意の条件として、「日本からの石炭輸送の収益」という個所の削除を要求し、[*10] 六月二六日に民間財産管理局に回答します。民間財産管理局は指摘のあった部分を削り、七月一日に経済科学局に同意を求めて書類を戻しました。[*11] 参謀長からも、七月一〇日に、問題の個所を削除した旨のチェックシートを経済科学局財政課に送っています。[*12]

同意が確実になった時点で、在朝鮮米陸軍司令部軍政庁に、「二〇二万五四三七円一六銭と同額の支払い」「支払いが完了の報告が届いたら、預託金口座から差し引く」ことを命じました。[*13]

一九四六年七月二九日時点の北海道第七四軍政中隊から特別管理口座への入金額を記した文書では、朝鮮人労働者の未払い金合計二二一万六六五二円〇四銭が韓国での支払い承認を受け、そのうち、夕張炭鉱分の一九万一二一四円八八銭が五月三一日付文書による支払い要求額であり、残りは二〇二万五四三七円一六銭であるとの注釈があります。[*14]

＊6　戦後補償問題研究会編集『戦後補償問題』第八集　ＧＨＱ関連文書集（朝鮮人未払金政策等）、一九九三年、五八頁、六四頁

＊7　ＡＧ二四八号ＣＰＣ／ＧＰ文書、一九四六年五月三一日、マイクロフィッシュ番号ＣＰＣ六二五〇、日本占領関係資料、国立国会図書館憲政資料室

＊8　民間財産管理局在外資産係の会議報告「北海道から帰還した朝鮮人の未払い金に関するお金」、一九四七年九月二二日、『戦後補償問題』第八集　ＧＨＱ関連文書集（朝鮮人未払金政策等）、一九九三年、七七頁

＊9　覚書、戦後補償問題研究会編集『戦後補償問題』第八集　ＧＨＱ関連文書集（朝鮮人未払金政策等）、一九九三年、六五頁

＊10　経済科学局財政課から民間財産管理局へのチェックシート（草案）「北海道から帰還した朝鮮人炭鉱夫の未払い金」、戦後補償問題研究会編集『戦後補償問題』第八集　ＧＨＱ関連文書集（朝鮮人未払金政策等）、一九九三年、六六頁

＊11　覚書、戦後補償問題研究会編集『戦後補償問題』第八集　ＧＨＱ関連文書集（朝鮮人未払金政策等）、一九九三年、六五頁

＊12　民間財産管理局から経済科学局へのチェックシート、戦後補償問題研究会編集『戦後補償問題』第八集　ＧＨＱ関連文書集（朝鮮人未払金政策等）、一九九三年、六七頁

＊13　民間財産管理局在外資産係の会議報告、『戦後補償問題』第八集　ＧＨＱ関連文書集（朝鮮人未払金政策等）、一九九三年、七七頁

ところが、五月末に通知したにもかかわらず、在朝鮮米陸軍司令部軍政庁からは何の返答もなかったようです。

八月二七日、マクグラスは朝鮮訪問中に、法務局および経済局の代表者と協議し、「北海道から帰国した朝鮮人労働者の未払い金」返還の進行具合を韓国側に尋ねました。そのときファイルを探したのですが、関連の原本は見つからなかったとあります。マクグラスが、法務局のモナガンと日本問題部署の顧問エドワード・W・ワグナーに面会したところ、ワグナーはその件を思い出し、東京の在朝鮮米軍政庁連絡事務局を通して、二つの疑問を記した非公式な回答をしたと述べました。「どのように二〇二万五四三七円一六銭の日本円に相当する朝鮮通貨を決めるのか」「全く同じような請求が何百もあり、支払いが認められるかどうか明らかな保証がないのに、ひとつふたつの請求を解決するのは賢明といえるのか？」という質問です[*15]。

マクグラスは、支払い指令文書を自分で作成したことでもあり、最終措置について再検討すべきとの結論に至ったようです。その後、ＧＨＱ内部でどのようなやりとりがあったのかは不明です。

ＧＨＱの口座には、六〜八月にも北海道の三事業主から入金がありました。ＧＨＱ公文書の一覧表では、六月二四日に菅原組が一六万〇五二七円三〇銭、七月三一日に北海道炭礦汽船が三四五〇円、そして、八月六日に日本製鉄輪西製鉄所が一七万三七九八円四七銭をそれぞれ預け入れています。

しかし、一九四六年（昭和二一年）九月から年末の間に、石炭購入費を未払い金に充てる計画は頓挫《とんざ》したようです。この間、一〇月一二日から日本は未払い金の供託を開始しています。

ＧＨＱの「送金中止」

ＧＨＱは一九四七年（昭和二二年）一月、未払い金の朝鮮への送金を中止すると発表します。一月二九日付の参謀副司令官クーリー大佐の覚書[＊16]で、一九四五年（昭和二〇年）一〇月二九日付覚書（ＡＧ二四八）「日本国内の炭鉱の朝鮮労働者の給与支払いおよび朝鮮への送金の件」で示した「送金許可」の取り消しを日本政府に通知しました。

この通知によって一〇月二九日付覚書は一九四七年二月二八日以降無効となり、「事業主が保管している未払い金の総額を二月二八日までに日本銀行または米軍軍政部隊に預け入れる」と伝え、日本政府に対し、賃金や貯金を朝鮮に送金できない旨をすべての炭鉱事業主に通知するよう命じました。

この覚書ではまた、各事業主の未払い金に関する情報を取りまとめた報告書に、朝鮮人労働者の

＊14　ＧＨＱ民間財産管理局外国財産課長から会計検査官に宛てた覚書、戦後補償問題研究会編集『戦後補償問題』第八集　ＧＨＱ関連文書集（朝鮮人未払金政策等）、一九九三年、六八～六九頁

＊15　民間財産管理局在外資産係の会議報告、戦後補償問題研究会編集『戦後補償問題』第八集　ＧＨＱ関連文書集（朝鮮人未払金政策等）、一九九三年、七七頁

＊16　SCAPIN-1484：REVOCATION OF PERMIT 〝PAYMENT OF SAVINGS AND ALLOTMENTS IN KOREA OF KOREAN LABORERS IN JAPANESE COAL MINES〟、一九四七年一月二四日、https://dl.ndl.go.jp/info:ndljp/pid/9886641

日本銀行連合軍預託金口座に預けられた帰還した朝鮮人労働者の未払い金

日　付	事業者名	金　額
1946年5月5日	三井美唄炭鉱	101,934円43銭
	赤平炭鉱	31,500円
	大夕張炭鉱	10,690円
	東幌内炭鉱	1,065円
	昭和電工	24,300円
	赤平炭鉱	45,085円96銭
	万字炭鉱	3,800円
	大倉土木	4,661円
	空知炭鉱	38,741円03銭
	菅原組	108,923円19銭
	〃	22,000円
	〃	18,857円25銭
	大日本電力	118,500円
	日本復員局	1,824円66銭
	〃	16,574円78銭
	幌内炭鉱	270,505円88銭
	雨竜電力	9,036円73銭
	〃	38,372円72銭
	〃	508,487円
	幌内炭鉱	59,705円50銭
	夕張炭鉱	191,214円88銭
1946年5月8日	築別炭鉱	4,319円
	北海道炭礦汽船	65,150円88銭
	〃	3,320円07銭
	北海道炭礦汽船（夕張）	518,082円08銭
1946年6月24日	菅原組	160,527円30銭
1946年7月31日	北海道炭礦汽船	3,450円
1946年8月6日	日本製鉄輪西製鉄所	173,798円47銭
1947年3月5日	明治鉱業	4,500円
	明治鉱業	13,500円
	貝島炭鉱	41,500円
	杵島炭鉱	12,000円
	宇部炭鉱	5,520円89銭
	合　計	2,631,448円70銭

経済科学局から民間財産管理局へのチェックシートに添付された預入金明細表より作成、ファイル番号 091B(31 May 1950)ESS/BFE、SCAP YEN CUSTODY ACCOUNT - KOREAN FUNDS、RG331 4066、1950年5月31日、米国国立公文書館

氏名や送金したい金額などを記した名簿を添付して、三月三一日にＧＨＱに提出するよう命じたことも記しています。しかし、一九四七年三月二〇日付覚書で、「炭鉱の朝鮮人労働者の貯金および賃金の情報は、月報で日本政府から届いているため、新たに報告書を作成する必要はない」と訂正しています。

この二つの覚書から、日本政府は未払い金の受取人の情報をＧＨＱに毎月提出していたことがわかります。

ＧＨＱは二月二八日までに事業主が保管している未払い金を日本銀行に入金するよう指示しており、三月五日付で連合軍預託金口座に五件の入金がありました。明治鉱業が四五〇〇円と一万三五〇〇円、福岡県の貝島《かいじま》炭鉱四万一五〇〇円、佐賀県の杵島《きしま》炭鉱一万二〇〇〇円、山口県の宇部《うべ》炭鉱五五二〇円八九銭です。これにより、合計金額は二六三万一四四八円七〇銭になりました。[*17]

連合軍預託金口座に預けられた朝鮮人労働者の未払い金は、一九四七年（昭和二二年）三月以降変わらず、一九五一年（昭和二六年）五月一〇日現在で二六三万一四四八円七〇銭です。[*18] この年、預託金口座は閉鎖となり、一二月一九日のＧＨＱ覚書（ＳＣＡＰＩＮ　七四八六‐Ａ）により未払い金は賠償庁へ移管されます。

＊17　日本銀行連合軍預託金口座、戦後補償問題研究会編集『戦後補償問題』第八集　ＧＨＱ関連文書集（朝鮮人未払金政策等）、一九九三年、七五〜七六頁

＊18　戦後補償問題研究会編集『戦後補償問題』第八集　ＧＨＱ関連文書集（朝鮮人未払金政策等）、一九九三年、一〇八頁

一九五二年（昭和二七年）四月二八日の賠償庁の廃止にともない、大蔵省へと引き継がれ、「分任歳入歳出外現金出納官吏」の保管金として管理されました。そして、佐藤栄作大蔵大臣（当時）が昭和二五年政令第二二号の適用を受ける債務であると認定し、一九五九年（昭和三四年）九月八日付で、二六三万一四四八円は東京法務局に供託されました[*19]。

朝鮮人労働者の未払い金は今もそのままです。

＊19 供託書、昭和三四年度金第八号、供託者・大蔵大臣佐藤栄作、一九五九年九月一六日

第一三章　北海道から韓国へ——遺骨返還の旅

一六六九体の遺骨

動員された朝鮮人労働者の死亡者数は、日本政府や企業が関連資料を開示しておらず、定かではありません。

韓国では、「日帝強占下強制動員被害真相糾明委員会」が二〇〇五年と二〇〇六年に被害申請の受付を行い、約二〇万件の申告がなされました。そのうち、民間企業などの労働者関係が約一四万六〇〇〇人、死亡・行方不明者は約二万三〇〇〇人でした。[*1]

日本政府は、二〇〇五年五月、戦時中に朝鮮人労働者を雇用した企業一〇八社に調査票を送付しましたが、九月末までに集まった情報は、五社一団体からの一四七体分と自治体からの七二一体分、計八六八体分にすぎませんでした。[*2]

＊1　内海愛子、上杉聰、福留範昭『遺骨の戦後　朝鮮人強制動員と日本』岩波ブックレット、二〇〇七年、二〇頁

二〇〇六年七月付の「朝鮮半島出身旧軍人・軍属及び旧民間徴用者等の遺骨の問題に関する第四回日韓協議」の概要によると、その時点で判明している遺骨の総数は一六六九体で、このうち、民間企業からの情報は一四七体と前年九月から変わっていません。[*3]

犠牲になった朝鮮労働者の遺骨は、雇用主が家族に返還したケースも知られていますが、火葬されずに土に埋められ、墓石などの目印もない場所に放置されることもありました。企業が寺院に預け、そのまま何十年もの間、安置されていた遺骨も確認されています。

北海道では、市民団体「空知《そらち》民衆史講座」の呼びかけで一九八〇年（昭和五五年）から、一九三八年（昭和一三年）～一九四三年（昭和一八年）に王子製紙が建設した雨竜《うりゅう》ダムとその関連工事に動員されて犠牲になった朝鮮人労働者の遺骨発掘が始まりました。専門家や歴史学者、学生を含む、韓国と日本の市民が強制労働犠牲者の遺骨を発掘し、識別する作業が行われてきました。四年間で一六体の遺骨を発掘しています。[*4]

二〇〇二年（平成一四年）一二月には、札幌の本願寺札幌別院において、企業が預けた朝鮮人や中国人の犠牲者の遺骨一〇一体の存在が明らかになりました。「遺骨遺留品整理簿」が残っていたのですが、一九六九年（昭和四四年）と一九九七年（平成九年）の二度にわたり、家族に知らせることなく合葬したため、もはや識別できなくなっています。

整理簿により本籍地が判明した犠牲者は八〇人で、韓国五九人、北朝鮮一五人、中国六人です。雇用していた企業は、川口組が二六人、地崎組が二四人、菅原組が一三人、鉄道鉱業が九人で、そのほかは丹野組など一二企業と陸・海軍です。[*5]

二〇一五年(平成二七年)九月には、北海道で犠牲になった朝鮮人労働者一一五体の遺骨が、韓国と日本の市民団体「強制労働犠牲者追悼・遺骨奉還委員会」によって七〇年の歳月を経て、韓国に返還されました。

返還されたのは、本願寺札幌別院に残されていた韓国出身者七一体分と、旧三菱美唄炭鉱の犠牲者のうち常光寺に安置されていた六体、そして、発掘された雨竜ダム建設工事の犠牲者四体と旧日本陸軍浅茅野《あさじの》飛行場建設の犠牲者三四体です。

旧日本陸軍浅茅野飛行場の朝鮮人労働者

旧日本陸軍浅茅野飛行場が建設されたのは、北海道の北端に位置する猿払《さるふつ》村です。二〇〇五年(平成一七年)一月、「浅茅野飛行場建設で働いて犠牲になった朝鮮人労働者の遺骨が、飛行場からさほど遠くない共同墓地に埋葬された」との情報を得た北海道フォーラムは、同年秋に旧浅茅野共同墓地を試掘し、遺骨を発見します。

＊2　竹内康人『戦時朝鮮人強制労働調査資料集二　名簿・未払い金・動員数・遺骨・過去清算』神戸学生青年センター出版部、二〇一二年、七三頁

＊3　関連資料、強制動員真相究明ネットワーク、https://ksyc.jp/sinsou-net/200607dai4kaikyougi.pdf

＊4　殿平善彦『遺骨　語りかける命の痕跡』かもがわ出版、二〇一三年、一三一～一四三頁

＊5　強制連行・強制労働犠牲者を考える北海道フォーラム『本願寺札幌別院強制連行犠牲者遺骨問題資料集』、二〇〇四年

二〇〇六年に本格的な遺骨発掘が始まり、北海道フォーラム、猿払村の住民や自治体、日本と韓国の大学の専門家らが連携して、浅茅野遺骨発掘調査は続けられてきました。旧共同墓地の発掘では、長きにわたり凍てつく地面の下に放置されてきた遺骨が三〇体以上も掘り出されています。

浅茅野飛行場建設の犠牲者のうち、過去帳や町村の埋火葬許可記録などから、一一九人の氏名が判明しています。そのうち朝鮮人は九五人で、日本人は一五人、本籍不明が九人です。そのほか、確認されていない犠牲者を併せると、約二〇〇人が飛行場建設工事で死亡したとみられています。そのうちの一四体の朝鮮人の遺骨は、遺族に返還されたことがわかっています。

二〇〇六年（平成一八年）の発掘に参加した三人の遺族のひとりが持っていた一九四四年（昭和一九年）二月一六日付の手紙によると、韓国駐在鉄道工業株式会社社員から遺族に「遺骨を引き取りに釜山の金剛寺に出向くように」と連絡があったそうです。また、前年一二月二〇日付で鉄道工業株式会社札幌支店長および陸軍航空本部経理部札幌出張所長陸軍建技少佐から弔詞が送られています。[*6]

浅茅野の信證寺の六角堂にも遺骨が安置されています。戦後、丹野組から遺骨七〇体を受け取ったとの話もありますが、事実は明らかになっていません。

「浅茅野飛行場前」というバス停のある地が、旧日本陸軍の第一浅茅野飛行場が建設された場所です。この近くには、「飛行場前」という天北《てんぽく》線のプラットホームが残っています。駅は飛行場が解体され、入植者が増加した戦後に造られましたが、一九八九年（平成元年）の廃線に伴い、国道のバス停に変わりました。

飛行場は戦後まもなく国から払い下げられ、第一飛行場は農家の牧草地となり、第二飛行場は猿払村の村営牧場になっています。

広々とした牧草地と化したその周辺には、飛行機を格納した掩体壕《えんたいごう》や営門、防水水槽などの戦争遺跡も手つかずのままです。

この飛行場の実態については解明されていない点が多く、政府や工事を請け負った企業が情報開示を拒んでいるため、体験者からの聞き取りに頼らざるを得ない状況です。

旧天北線「飛行場前」駅のプラットホーム。廃線に伴い1989年に廃駅(2009年撮影)。

浅茅野飛行場は、宗谷《そうや》海峡の防衛と対米作戦の目的で、終戦の二〜三年前に突貫工事で建設されました。人員不足を補うために、多くの朝鮮人も動員されたといわれています。

日本は一九四一年(昭和一六年)七月になってはじめて本土防衛を担う防空総司令部を設置し、一二月に旧日本陸軍の宗谷要塞を建て、浅茅野飛行場の建設が始まりました。

猿払村南部の浅茅野は浜頓別《はまとんべつ》町と接しており、旧日本陸軍の第一浅茅野飛行場は猿払村浅茅野と浜頓別町安別《やすべつ》のまたがるところに、第二飛行場は第一飛行場から約二〇キロ北の猿払村浜鬼志別《はまおにしべつ》に造られました。

正確な工事期間はわかりませんが、第一飛行場は一九四三年

＊6　二〇〇七年浅茅野調査チーム編「二〇〇七年浅茅野調査報告書」強制連行・強制労働犠牲者を考える北海道フォーラム、二〇〇八年、四三頁

（昭和一八年）六月ごろ着工し、一九四四年春にはほぼ完成したとみられます。第二飛行場は第一飛行場から約二カ月後に工事が始まったようですが、完成時期はわかっていません。

浅茅野飛行場工事には、日本人も動員されました。労働者総数は三二〇〇人ほどで、そのうち三割近い七〇〇〜八〇〇人は日本人だったという証言があります。

稚内《わっかない》中学や名寄《なよろ》農業学校の生徒、旭川工業学校土木科と建築科の学生、日本大学の学生も浅茅野に動員されたという話もあります。また、年に二、三回、地元の人たちが召集され、五〇〜六〇人が勤労奉仕隊として週二回交代で働いたといいます。[*7]

池玉童さんの浅茅野再訪

二〇〇九年（平成二一年）五月の遺骨発掘調査では、当時ここに連行された韓国人の池玉童《チ・オクトン》さん（当時八三歳、二〇一〇年他界）が現地を訪れ、忌《い》まわしい過去を振り返りました。

池さんは、一九四三年の夏、一八歳のときに動員されました。浅茅野にいたのは四カ月ほどで、同年一一月初旬に鹿児島に移動し、そこでも飛行場の建設工事を強いられたそうです。日本にいたのは二年二カ月でした。

忠清南道《チュンチョンナムド》の実家で農業をしていたときに、面《めん》（日本の「村」に相当）の役場から通知が届き、しかたなく日本に行くことになったといいます。自分の村から四人、村の中でも貧しい人が連れ出されました。四人は一緒に浅茅野と鹿児島に行き、みな無事に帰国しています。

「天安《チョナン》（忠清南道）から釜山まで汽車で運ばれ、関釜《かんぷ》連絡船に乗って下関に着いた。そこからは汽車で青森まで行って一泊し、函館、旭川と汽車に乗り継いで、一週間ぐらいかけて浅茅野にたどりついた」と池さん。

到着後に待っていたのは、板敷き滑走路の建設工事でした。「スコップで木の株を掘って、トロッコに乗せて運ぶんだ。みんな並んで、一緒に同時に運ばなければならない。後ろのトロッコが先に行くと、前の誰かが殴られるので、様子をみながら、同じペースになるよう気を使って。スコップでずっと掘っていたので、腰が痛くなる。勝手に腰をのばすと、『このやろー』となぐられた。監督が『がんばれー』と叫んだら、一緒に『がんばれー』と言わないと怒られる。声が小さくても怒られた。『がんばれー』の意味はわからなかったが」

池さんの口からは、何度も「丹野組」という名称が出てきました。「がんばれー」「兵隊」「このやろー」「鉄道工業株式会社」、そして、「丹野組」。これらの言葉は絶対忘れることができないといいます。「ここでひどいことをさせられたから」

池さんは右耳が聴こえません。日本人に耳を激しく叩かれて鼓膜が破れたのです。

「本当に苦痛だった。この世が嫌になるぐらい」

浅茅野で過ごした約四カ月は、筆舌に尽くしがたいほど過酷な日々だったといいます。

「宿舎のタコ部屋は、十数軒向かい合って立ち、労働者は何百人もいた。板張りで、中央に長い

＊7　二〇〇七年浅茅野調査チーム編「二〇〇七年浅茅野調査報告書」強制連行・強制労働犠牲者を考える北海道フォーラム、二〇〇八年、二三頁、二八頁

廊下があり、両側に板で区切った寝る場所があった。寝るときは、人が多いので温かかった。〝世話役さん〟と呼ばれる棒頭《ぼうがしら》も同じ宿舎に部屋があり、五人ぐらいいた」

浅茅野はシラミが多く、その対策のために、大きな釜で湯を沸かし、衣類を入れて洗ったといわれています。

「あるとき、煙が上がっているのに気づき、見ると服が焦げていた。釜の湯が少なすぎてね」

「風呂は大きく、六〇～七〇人で使った。日本人が湯を沸かし、監督など日本人が先に入る。大勢で入るから、風呂の湯はおしっこのように黄色っぽくなった」

沈載明さん、南応浩さんの証言

本多勝一著『北海道探検記』（一九六四年初版）にも、池さんと同じ時期に同じ村から徴用を命じられた朝鮮人の証言があります。沈載明さんは、一九四三年（昭和一八年）五月末、二〇歳のとき、故郷の忠清南道天安の里長（村長）から「軍の命令」と北海道への徴用を命じられました。

> 天安駅から汽車に乗せられ、釜山から下関、青森、函館、旭川を経由して浅茅野に到着、丹野組のタコ部屋に入った。朝六時から、モッコ担ぎ、トロッコ押しなど土の運搬が主な労働で、昼食は、リヤカーで運ばれた板箱の弁当を食べる。暗くなるまで働き、休憩は、午前と午後に一五分の一回ずつあるだけ、現場の監督人（棒頭）は杖をムチにしてぶんなぐる。夕食のあとは

> 疲れ果ててフロにも入れず寝てしまう。作業着は一着だけなので汗や垢で汚れたままのため、多くの人が健康を悪化させる。脱走して捕まると、飯場の入口の前でみせしめに『幹部』がツルハシの太い柄で背中を何度も力いっぱいぶんなぐる。打ち叩かれた者は発熱や下痢などをおこし、やがて死んでいった。[*8]

北海道各地を転々としたという南応浩さんは、一九四二年（昭和一七年）に浅茅野の飛行場建設工事に従事させられました。

> 浅茅野はタコ労働者のような扱いでとにかくひどい状況でした。仕事は、夏であれば六時ころから暗くなる八時ころまで働かされ、……履物は地下足袋が与えられました。食事は、朝、昼、晩とも、……粗末なものでした。……寮には一〇〇～一五〇人おり、朝鮮人のほかに日本人もいたようでした。私が寝た部屋には、八畳間に朝鮮人ばかり七、八人が入っていました。

と語っています。[*9]

池さんは、食事のときに起きた事件に自分もかかわったと打ち明けます。食事は粗末で、木製の

＊8　本多勝一『北海道探検記』朝日新聞社、一九八四年、三七一～三八五頁

＊9　聞き書き五　南応浩さん、朝鮮人強制連行実態調査報告書編集委員会『北海道と朝鮮人労働者　朝鮮人強制連行実態調査報告書』北海道、一九九九年、四四八頁

発掘作業をじっと見つめる池さん（右）。

弁当箱の中身は、四角に切った干したジャガイモで囲み、真ん中にごく少量の麦入りご飯だけ。

「同郷の人が、『こんなにご飯が少なかったら、仕事ができない』と不満をぶつけたら、監督が彼の頭を殴った。血が流れてきたので、みんなで『殺すな！』と抵抗した。『ここにいたら死ぬ』と荷物を全部持って逃げようとしたところ、誰が呼んだのか、憲兵隊が現れた。私たちを一列に並ばせて取り調べ、四人ぐらいが捕まった。その四人がどうなったかはわからない。銃殺されたという噂だ」

「賃金は二〇円だった。朝鮮人の帳場が、『送金したい人は預けて』というので、自分は全部送金してもらった。家族から、お金を受け取ったという知らせがきた」

池さんは浅茅野から鹿児島に移動しました。丹野組の労働者たちは、浅茅野と同じく陸軍から鉄道工業が請け負っていた九州の飛行場建設工事に送られたのです。今度は、鹿児島の万世《ばんせい》町の海岸に滑走路を造る工事を強いられました。九州の現場も似たようなタコ部屋でしたが、北海道と比べて労働環境はよかったといいます。

「鹿児島では、自由があって、病院にもいけた。逃亡する人はいなかった。賃金は現金でもらい、そのお金で焼酎や食べ物を買うこともできた」

戦争が終わるとすぐに船に乗り、秋夕《チュソク》の前（八〜九月ごろ）には故郷に戻ったそうです。「鹿児島から汽車に乗り、門司《もじ》港から下関に行き、五〇人ぐらい乗船できる船を借りた。一旦出航したが、波が高く、佐賀に戻って、一泊して翌日出航した。帰国のときに鹿児島でもらった現金は船賃に使った。最後の給料二〇円を自分で持って帰った」

猿払村の旧共同墓地へ

浅茅野飛行場工事で犠牲になった朝鮮人労働者が埋葬されている猿払村の旧共同墓地は、国道から二キロ以上入ったところに位置します。戦後の改葬後に植林され、いまでは雑木林になっています。発掘のために一部を伐採し、切り株を掘り起こすと、根にからまった骨が見つかります。

(上)変わり果てた浅茅野第一飛行場の跡地で当時の現場を確認する聴き取りが行われた。
(下)次々と掘り出される遺骨を目にして「同胞の死を思い出した」と忍び泣く池さん。

初日早々、大腿骨《だいたいこつ》をはじめ骨片が次々に発見されました。掘り出される骨をじっと見つめ、ときおり目頭を押さえる池さん。「同胞の死を思い出した」からです。

「こんな遠くに来て、家族にも会いたかっただろう。言葉もなく死んでしまい、祖国にも帰れずに、木の下に埋められているのを見たら、かわいそうで」

聞き取りは、池さんにとって試練ともいえたことでしょう。

「板敷き滑走路の端に掩体壕があり、その近くに飯場《はんば》が建っていた。飯場から現場までは歩いて二〜三分ほどだった……」

池さんは、当時の痕跡を探すかのように固い表情で周囲を見つめますが、そこは牧草地と化し、旧日本帝国陸軍浅茅野飛行場は見る影もありません。

寝泊りしていたタコ部屋の位置を特定できず、強風のなか、広大な浅茅野をさまようことになってしまったのです。辺りの風景はすっかり変わり果て、方角さえ定かではありません。

地元住民も立ち会って検証するのですが、記憶が噛み合わず、場所の特定は困難でした。

「この辺りに藁葺《わらぶ》き屋根の農家が一軒なかったか？　その家でジャガイモをごちそうになったことがある」

「澱粉《でんぷん》工場があった。そこには朝鮮人が泊まったようだが……」

「ケガ人や病人がいた病舎はどこか？　飯場と現場の間に、病舎があったはずだが」

何度も行ったり来たりしているうちに、牧歌的な風景も池さんにとっては恨めしいものになってきたようです。池さんの鮮明な記憶力も、景色の変化には太刀打ちできないのです。

車での移動とはいえ、高齢ゆえ、池さんは疲労の色が隠せません。結局、一日目は何もわからずに終わってしまいました。

翌日は、池さんが遺体を埋めた場所を突き止めるべく、再び探索を開始しました。「共同墓地へ行く道の途中、大きな木の側に埋めた」。池さんの証言だけが頼りです。

思い出したくもない土地。戦後、日本に旅行に来ても、北海道だけは避けてきた池さん。六六年ぶりに浅茅野の地を訪れたのにはわけがありました。

「自分が埋めた人の遺骨を探し、できれば返還したい」

池さんは三人の遺体を運搬し、そのうちの一人を途中で埋めたといいます。

遺体を運ぶはめになったのは、当時流行していた発疹《はっしん》チフスにかかり、入院したからです。「一週間食事がとれず、ひどい熱にうなされた。起きて気づいたら、別の病室にいて、そこにいる人はみんな死んでいた。自分も死んだと思われて、霊安室に運ばれたんだ。怖くて、掛け布団を持ってドアを開けた。『看護婦さん』と声をかけたら、ストーブを囲んでいた三人の看護師が喜んで、抱き寄せてくれた」

チフスで多くの朝鮮人が命を落としたため、病舎では、快復した入院患者に、日々増える死体を棺桶《かんおけ》に入れて運ぶ仕事をさせたといいます。池さんは、腹いっぱいの食事を条件に、遺体処理の作業を手伝いました。

共同墓地での発掘の様子を目の当たりにした池さんは、自分が埋めた人の遺骨を見つけたいとの願いがさらに強まったといいます。

（上）浅茅野飛行場が建設された土地には掩体壕跡がいくつか残っている。
（下）池さんが遺体を運んで埋めたと思われる場所は熊笹が密生していた。

しかし、無常にも、戦後の植林で景色は様変わりしていました。昔の「大きな木」は伐採されたようです。切り株が残っているかもしれませんが、深い笹薮《ささやぶ》に覆われて地面は見えません。

二日間歩いても、過去の記憶に結びつくものは何も見出せないままでした。池さんはこの地で再び失望させられるのではないか。一緒にいた誰もがそう思っていたに違いありません。

そのときです。

「これは私が造った掩体壕だ」

熊笹《くまざさ》が茂る物体をステッキで指し示し、池さんはやや興奮した声を上げました。

池さんは「すでにほとんどできあがっていた板敷き滑走路の仕上げを手伝い、終わったらすぐに掩体壕の工事に入った。端っこに掩体壕を三つ造ったが、全部は完成できず、四カ月の間に二つ半ぐらいは造った」と語っていました。その掩体壕を見つけたのです。

「非常に辛い体験だったので、涙が出るなど思いもしなかった。でも、こうして立ってみると……」目にうっすら涙を浮かべる池さんの表情は、心なしか穏やかに変わっていました（実際のところ、この掩体壕は池さんが造った実物ではなかったのですが）。

この日、頭蓋骨から足の先までほぼ全身の形で遺骨が発見されました。遺骨に対面した池さんは、さすがにショックを隠せない様子でした。

浅茅野を去る日、池さんは力強く訴えました。

「最後の遺骨を見て、当時の状況を生々しく思い出した。昔は、夢にも出てきた。人が死んでいく体験だったので、よく夢を見た。一日も早く、日韓協力して遺体を発掘してほしい。家族はいまだに生きていると信じて待っているのだから」

また、池さんは、自分を雇った丹野組に対して、「個人的な恨みはない。国の政策で動いたのだろう。政府の命令ゆえ、我々にこのようなひどい扱いをしたのだから」と冷静に述べました。

浅茅野飛行場の工事では、生存者より亡くなった労働者のほうが多かったといわれています。祖国に帰れずにここで犠牲になり、遺骨を置き去りにされている人はどれだけいるのか。そして、彼らの消息を案じている家族はどれだけいるのか。朝鮮人を雇い入れた企業、そして日本政府が情報を開示しないことには、その事実は明らかにされません。

芽吹きはじめた草木は青々と美しく、浅茅野の暗い闇を覆い隠すかのようです。多くの朝鮮人がここで過酷な労働の末に命を落としたという事実は、忘れ去られようとしています。

しかし、たとえ風景が変わっても、過去をなかったことにはできません。何の情報もないまま待ちわびる人たちにとって、まだ戦争は終わっていないのです。

一一五体の遺骨が韓国に

旧浅茅野共同墓地で発掘された、朝鮮人労働者とみられる遺骨は、猿払村に隣接する浜頓別町にある天祐寺に安置されていました。七〇年ぶりに祖国に帰る旅は、ここからはじまりました。

二〇一五年（平成二七年）九月一二日朝、この寺で、遺骨奉還委員会および韓国の遺族関係者約三〇人が参列して追悼式が行われ、三四体の遺骨が運び出されます。一行は朱鞠内《しゅまりない》の「旧光顕寺・笹の墓標展示館」で雨竜ダム建設工事の犠牲者の遺体四体を、美唄《びばい》市の常光寺で旧三菱美唄炭鉱（現・三菱マテリアル）の犠牲者の遺体六体を受け取り、翌日、札幌の本願寺札幌別院に残されていた七一体分の遺骨とともに、北海道をあとにしました。

東京、京都、広島、下関で追悼式を行い、遺骨は、日本へ連行されたのと逆のルートで、釜山と下関を結ぶ関釜《かんぷ》フェリーを使って祖国に向かいました。

フェリーが釜山港に到着したのは、翌朝八時前。遺骨を抱く二人の遺族を先頭に、白い布に包まれた一一八の木棺《もっかん》が無言で帰国しました。

（右上）遺骨返還の旅は浜頓別の天祐寺から始まった。
（左上）札幌市の本願寺札幌別院での法要には多くの参加者が。
（左下）70年ぶりに釜山港に到着した遺骨を抱く遺族の金敬洙さん（中央）と孫榮振さん（左）。

朝鮮の楽器の演奏と踊りに迎えられ、遺体は釜山港国際旅客ターミナルから港近くのスミル公園に移動します。秋晴れのもと、鎮魂祭では、生と死をつなぐといわれる長い布スゴンを手に、鎮魂の舞がささげられました。それから、遺骨はソウルへ運ばれ、聖公会ソウル主教座聖堂に仮安置されました。

翌九月一九日夕方からは、ソウル市庁前の広場で遺族、市民団体のメンバー、一般市民が参列のもと合同葬儀が行われました。一一五人の遺骨を納めた骨箱と木棺を運んだのは、一一五人のソウル市民です。なかには小学生も見られました。

ステージに作られた祭壇の前で、参列した一〇人ほどの遺族が焼香し、故人を弔います。遺族の中には高齢者だけでなく、子どもの姿もあります。

（右上）ソウル市庁前広場での合同葬儀で遺骨を運ぶソウル市民。
（左上）ステージに作られた祭壇に並べられた遺骨。
（右下）亡き人を悼む遺族のなかには子どもの姿も。

広場をたまたま通りがかった韓国の若者たちも、葬儀に敬意を払い、立ち止まって式を見守ります。

ちょうど日本では、戦後日本が堅持してきた武力行使の制限を緩和する新安保法案が成立されようとしていたときでした。

翌朝、遺骨は京畿道の坡州《パジュ》市にあるソウル市立墓地に納骨されました。遺骨を納めるモニュメントは、ソウル市の日本大使館前に建つ「慰安婦」少女像を制作したキム・ソギョンとキム・ウンスン夫妻のデザインです。

遺族たちは遺骨が返還されて喜んではいますが、一方で、複雑な気持ちも抱いています。

「寺に遺骨をあずけた企業は、まず遺族を探すべきだった」

と北海道から遺骨返還の旅に参加した

金敬洙《キム・ギョンス》さん（当時六五歳）は言います。叔父の金益中《キム・イクチュン》さんの遺骨は、菅原組から本願寺札幌別院に預けられました。遺骨はもともと一体ずつ別々の木箱に納められていましたが、合葬してしまったため、誰の遺骨なのか区別できなくなったのです。今回、七一人分を韓国人労働者のものとして、返還することになりました。

金益中さんは、一九四二年（昭和一七年）に日本兵に連行され、北千島《きたちしま》の軍事基地工事で労働を強いられました。一九四四年（昭和一九年）四月一〇日に死亡したとされます。

「叔父と会ったことはないが、子どものときから、父や母、親戚などからたくさん話を聞いていた」

金敬洙さんの母親の李玉順《イ・オクスン》さん（当時八四歳）は、義弟の遺骨を受け取るために北海道から遺骨返還の旅に参加しました。若くして結婚した李玉順さんは、金益中さんととても仲が良かったといいます。

「遺骨と一緒に韓国に戻るのはうれしいが、同時に悲しい。生きて会えたら、どんなにうれしかったことか。義弟は私が病気のときには看病したり、薬を持ってきてくれたりする優しい子だった。私が実家に帰っているときに、強制的に連れていかれた。その後まもな

雨竜ダムを見つめる李玉順さん。

く、北海道で死んだと聞いた」とうなだれます。

金敬洙さんと李玉順さんは、遺骨が本願寺札幌別院で見つかったのを知り、二〇〇四年（平成一六年）に来札しました。しかし、日本政府と企業による公式な謝罪とともに遺骨を返還すべきだと主張し、遺骨の持ち帰りを拒否していました。[*10]

「あれから一一年が経った。この間、歴史の現場にも足を運んだ。すべての事柄には、原因と過程と結果があり、原因が悪くても、過程が良ければいいのだが、ここに納骨された遺骨は、原因、過程、結果すべてが悪いとしか思えない。札幌別院に遺骨の管理を委託しないで企業が遺族を探してくれていたら、札幌別院が個別に遺骨をそのまま安置してくれていたら……。確かに遺骨は返還されたが、遺族の代表としては、重い気持ちだ」と悔しさをにじませました。

「過去を掘り起こすことで、誰かを批判する、攻撃するということではなく、未来に二度とこういうことが起こらないように、戦争のない平和な世界を創るために、日本と韓国が、お互いにからみあっている、ねじれているものをほぐしていくことを願っている。これからも札幌別院と北海道を訪れ、まだ解決されていない問題を相談しながら、今後このようなことが起きないように、一生懸命がんばりたい」と訴えました。

朴光道《パク・グァンド》さんは今回、二番目の兄である朴光楽《パク・グァンラク》さんの遺品が札幌別院にあると聞き、来日しました。この遺骨返還のことは、数日前に知ったのだと言います。

「兄の死亡通知が届いていたので、期待はしていなかったが、遺品をすべて燃やしたと聞き、すごく残念だ。遺骨を合葬したときに、遺品も燃やしてしまったそうだ」

朴光道さんは兄と一六歳離れているため、ほとんど記憶はないと言います。「兄は一九二二年生まれで、自分は一九三八年生まれ。かっこいいお兄さんだったそうだ。クラスの学級委員長になるぐらい。父親から『日本に行って、死んでしまった。骨だけ送られてきた』と聞いていた。自分が七歳か八歳の時に、遺骨が入った箱を誰かが家に持ってきた。箱の中に、岩見沢《いわみざわ》市長から死亡を知らせる手紙が入っていて、父がそのまま戸籍に書き写して終わった」

朴光道さんは、姉が二人、兄が三人の六人兄弟の末っ子。母親は三歳のときに死亡し、兄弟もみな亡くなったそうです。

「北海道で、岩見沢市を通るときに、『ここだよ』と教えてもらった。感無量だった」

遺骨引き渡し追悼式に参列した企業

今回の遺骨返還では、札幌別院に預けた企業など数社に寄付を求めましたが、賛同したのは、岩田地崎建設（当時の地崎組）、菅原建設（当時の菅原組）、菱中建設（当時の中村組）の三企業だけでした。このうち、二社が九月一三日に札幌別院で行われた遺骨引き渡しの追悼式に参列しました。遺骨一体を預けた菱中建設の参列者は、「遺骨返還への尽力に賛同して（参加した）」、岩田地崎は「みなさんのお世話になったので出席した。遺骨が返還されて良かったと思う」とコメントを残しました。

＊10　殿平善彦『遺骨　語りかける命の痕跡』かもがわ出版、二〇一三年、二一七〜二二一頁

大叔父との別れを惜しむ孫榮振さん。

もともと苫小牧《とまこまい》市に本店を置いていた菱中建設や水戸市の菅原建設、札幌市の岩田地崎建設は、地方企業としては大手ですが、いわゆる日本の大企業ではありません。

日本製鉄の鉱山部門として独立した日本製鉄鉱業や、美唄市の寺に六体の遺骨を預けた三菱美唄炭鉱の後継企業、三菱マテリアルは、「法的責任が認められれば協力するが、道義的責任に対してはできない」と協力を断ったといいます。

三菱マテリアルは、ユネスコが「明治日本の産業革命遺産」二三施設を世界遺産に登録した直後の二〇一五年（平成二七年）七月に、米軍捕虜の強制労働者に対しては謝罪しています。

三菱美唄炭鉱で働き死亡した大叔父の遺骨を引き取りに訪れた、孫榮振《ソン・ヨンジン》さん（当時六五歳）は、浜頓別町の天祐寺での法要で、涙を流しました。その理由を孫さんは、「祖父兄弟の感じたであろう絶望、悲しみを共有でき、遺骨返還がこれほど遅くなったことへの疑問と寂しさから」と語りました。

「母方の祖父（安泰山《アン・テサン》）とその弟（安泰福《アン・テボク》）が日本に連れて行かれた。祖父は二八歳、大叔父は二二歳だったと聞いている。兄が連れ去られるのを見て、弟が追いかけ、二人とも連行された」と孫さんは言います。

安泰福さんが、一九四三年（昭和一八年）四月一〇日に、ほかの六人とともに落盤事故で死亡していたことは、一九八〇年（昭和五五年）ごろ戸籍を確認して知ったそうです。ところが、祖父の安泰山さんの死因の欄は空白になっていました。これを見つけたとき、日本の現場を訪れようと思ったのですが、あきらめたといいます。

「祖母たちから、『韓国の政治状況もあり、事実を追求するのは難しい、強制連行については隠されているので、調べるのは困難だ』と言われてきた」

孫さんは、「うれしいですよ」と遺骨を胸に帰国できたことを喜び、「想像でしかなかったことが、現実になっていく過程で、韓国人が持っている反日感情というのはなんだか間違っているのではないかと、この日本の協力的な姿を見ながら思った」と話しました。

その一方で、「ドイツが反省し、隣国や世界に謝罪する姿勢を見せたように、日本ももう少し配慮を示したら、複雑な問題を解決することができるのではないか」ともいいます。

地下鉄公社の技術者として三〇年間働いた孫さんは、労働組合から何か要求される立場にあったため、「今回、雨竜ダムの名雨《めいう》線建設の労働者を追悼している自分のこの状況が面白いと感じた。強制労働というよりまず、労働者として考えさせられた」と語りました。

この旅で返還された遺骨は全体のごく一部に過ぎず、戦時中に日本に連行され、死亡した朝鮮人労働者の多くの遺骨は、今も全国各地に置き去りにされたままになっています。世代は変わっても、遺族は故郷で遺骨の帰りを待ち続けています。

終章　徴用工裁判と日本企業の戦争責任

韓国の大法院判決

二〇一八年（平成三〇年）一〇月三〇日、韓国の大法院（最高裁判所）は、戦中に日本製鉄に動員された朝鮮人労働者が損害賠償を求めた訴訟で、原告への賠償支払いを命じました。一一月二七日には、三菱重工広島と三菱重工名古屋、そして、富山県の機械メーカーの不二越《ふじこし》の強制労働に対しても大法院は賠償支払いの判決を下しています。判決文では、戦時中の朝鮮人の動員を「日本の不法な植民地支配や侵略戦争の遂行に直結した日本企業の反人道的不法行為」とし、その違法性を認めました。

これに対し、日本政府と日本企業は、徴用工への賠償は一九六五年（昭和四〇年）の日韓請求権協定で解決済みとの立場に立ち、この判決は日韓条約および国際法に反するとして、支払いを拒否しています。

これまでみてきたように、日本政府と日本企業は、戦中に日本に動員された朝鮮人労働者の賃金

中国人・朝鮮人労働者の帰国による損失補償金

中国人・朝鮮人労働者 損失補償金	延人数(人)	単価(円)	金額(円)
			32,000,000
1　休業手当			13,696,896
中国人	1,384,555	4.00	5,537,410
朝鮮人	2,039,869	4.00	8,159,476
2　帰国手当及び慰労金			18,303,104
中国人	12,364	1318.59	16,303,104
朝鮮人	22,500	88.89	2,000,000

総収　第400号(1950年6月24日)、「公文雑纂・昭和25年・第4巻」内閣・総理府、13頁より作成［※表の数字はすべて原典のママの数字］、https://www.digital.archives.go.jp/DAS/meta/listPhoto?LANG=default&BID=F0000000000000011867&ID=M0000000000000311055&TYPE=

や預貯金などの未払い金の支払い要求をことごとく拒否し、労働現場での差別や虐待、いまでいうパワハラやモラハラへの慰謝料要求にも応じていません。

　にもかかわらず、日本製鉄をはじめ、朝鮮人および中国人を雇っていた企業は、敗戦後に彼らを解雇したために被害を被ったとして、政府から損失補償を交付されています[*1]。

　一九四五年(昭和二〇年)一二月二八日、日本政府は、企業からの強い要求に対して、「移入華人及朝鮮人労務者取扱要綱[*2]」を閣議決定し、「中国人または朝鮮人であるがゆえに、やむを得ず事業主が負担する休業手当その他の損失については、実情調査の上、政府が必要な補償を考慮する」と定めました。

　この閣議決定に基づき、厚生省は各都道府県を通じて、各企業が朝鮮人および中国人の解雇で生じた負担額を調べ、一九四六年四月一六日付の昭和二一年度第二予備金の中から支出することを決定しました。

　損失補償金の総額は三二〇〇万円(休業手当一三六九

万六八九六円、帰国手当および慰労金一八三〇万三一〇四円）で、朝鮮人労働者分一〇一五万九四七六円、中国人労働者分二一八四万五一四円です。[*3]

この閣議決定が適用される対象者と補償範囲は、中国人または朝鮮人と直接雇用関係にあった事業主で、「その事業主が当該労務者の不就業にもかかわらず当時の客観的情勢から支払わざるを得なかった休業手当（給料、俸給、その他名称の如何を問わず）に限定」されました。

賠償指定解除で生き延びた日本企業

日本は戦争の賠償支払いにおいても、経済維持を最優先させ、戦争で損失を与えた国々、そして人々へその責任を果たしませんでした。

鉄鋼業をはじめとする軍需生産企業は、ＧＨＱに設備撤去の形での戦争の賠償支払いを命じられましたが、その義務が免除され、一銭も支払う必要がなくなったのです。

日本製鉄の社史『日本製鉄株式会社史　一九三四－一九五〇』には、賠償問題の経緯が一〇ページ

＊1　山田昭次・古庄正・樋口雄一『朝鮮人戦時労働動員』岩波書店、二〇〇五年、二三三～二三四頁

＊2　戦後補償問題研究会編集『戦後補償問題』第七集　未払金・軍事郵便貯金関係、一九九二年、五〇頁、https://rnavi.ndl.go.jp/politics/entry/bib00696.php

＊3　総収　第四〇〇号（一九五〇年六月二四日）、「公文雑纂・昭和二五年・第四巻」内閣・総理府、一二～一三頁より作成、https://www.digital.archives.go.jp/DAS/meta/listPhoto?LANG=default&BID=F0000000000000011867&ID=M0000000000000311055&TYPE=

にわたり書かれています。そこには、この無賠償のおかげで、「わが産業界は起死回生の機をえ、ついに今日の飛躍的発展をみるまでにいたったのである」とあります。また、ＧＨＱによって賠償を解除されたことを、「たまたま戦後急転した国際情勢が、はからずもわが国にとって時の氏神となった、ということがいえよう」[4]としています。軍需工場として戦争に加担した反省はまったくみられません。

戦争における賠償とは、敗戦国が、戦勝国に対して賠償を行うことですが、日本の企業の場合のそれは、軍需生産用の機械設備などを撤去するだけの「実物賠償」でした。その基本目的は日本の非軍事化であり、ＧＨＱによって日本の支払能力に配慮された賠償であるともいえます。日本が受諾した「ポツダム宣言」（一九四五年八月一五日）の第一一条[5]でそのことは規定されています。

> 日本は、自国の経済を持続し、正当な実物賠償の支払いに充てるための産業の維持を許される。しかし、戦争を目的とする再軍備を可能にさせるような産業はこれに含まない。この目的（産業の維持）を達成するために、原材料を入手することはできるが、それは（原材料を）支配下に置くということとは異なる（区別される）。日本は将来、世界貿易関係への参加が許されるものとする。

ＧＨＱが賠償政策の策定を進め、一九四六年（昭和二一年）八月、鉄鋼・電力・硫酸など八部門の賠償工場が指定されました。鉄鋼部門の工場[6]は、日本製鉄の八幡・輪西・広畑《ひろはた》・富士の四作業所をはじめ一三社二二工場でした。また、硫酸工場の賠償指定により、日本製鉄の輪西・広畑両製鉄所硫酸工場を含む二二工場も対象となりました。

一九四六年（昭和二一年）一一月に提出されたポーレー最終報告の賠償案は、鉄鋼業その他主要産業の設備の大半を撤去するという厳しい内容でした。

産業界はこの賠償政策に対し、日本の経済復興に致命的な影響が出るだけでなく、国民生活水準の向上にも不利益であると主張しました。ポーレー最終報告について、当時の日本産業協議会（のちの経団連）・賠償委員会委員長の石川一郎は、「もしこの案がそのまま実施されるならば、我国の工業生産力は約五〇年前の水準に顚落し、失業者の続出および生活窮乏による社会不安の増大から絶望的混乱を生じ、その結果我国の存在が世界経済復興を阻害することが憂慮される」「我々の希望はただ平和国民として謙虚なる最低生活を維持し、かつ資源に乏しい我国が食糧衣料等輸入の見返り物資を輸出できるだけの工業生産能力を残置せられたい」と言っています。*7

日本製鉄も賠償政策に危機感を持ち、設備撤去の軽減を求めて全国各工場の賠償除外申請書をG

＊4　日本製鉄株式会社史編集委員会編『日本製鉄株式会社史　一九三四－一九五〇』、一九五九年、九八三～九九二頁

＊5　ポツダム宣言条文：https://www.ndl.go.jp/constitution/etc/j06.html、https://www.ndl.go.jp/constitution/e/etc/c06.html（英語）

＊6　SCAPIN-1130：REPARATIONS SELECTIONS WITHIN THE IRON AND STEEL INDUSTRY、一九四六年八月一三日、https://dl.ndl.go.jp/info:ndljp/pid/9886242

＊7　日本製鉄株式会社史編集委員会編『日本製鉄株式会社史　一九三四－一九五〇』、一九五九年、九八四頁

ＨＱに提出しています。

日本政府は、賠償支払いによる日本経済および国民生活への悪影響を憂慮し、賠償額や撤去される設備の数量を抑えようと、積極的にＧＨＱ側に働きかけました。

一九四七年（昭和二二年）七月、極東委員会は、日本に再軍備を可能にさせない程度なら、自立経済ならびに生産賠償を確保できる程度の産業施設の維持を認めることとした新基本方針を決定します。

同月、芦田均外務大臣と米国のアチソン大使の会談時に提出された日本側要望案の第八条「賠償」には、日本が「賠償義務は如何に苦しくても履行するつもりである」と表明しつつも、「日本をして自立経済に到達し、一定の生活水準を維持することが可能なこと」「平和条約に定められた賠償の支払いによって日本が戦争に関連して各国に与えた被害に対する責任を最終的に解除するようにすること」の二点について、特別の考慮を払われたい[＊8]という要望が書かれています。

一九四八年（昭和二三年）三月に提案されたストライク報告は、ポーレー最終報告よりかなり緩和された賠償案でした。しかし、そのストライク報告に対しても、日本政府は懸念を表明し、国民生活および経済復興の大義名分を掲げて負担軽減を求めました。[＊9]

こうした日本の賠償問題は、連合国間の二派対立、いわゆる「冷戦」で一変します。米軍を主軸とするＧＨＱが対日政策を転換し、一九四九年（昭和二四年）五月一二日、極東委員会の米国代表マッコイ少将が、賠償撤去を中止し、対日賠償の打ち切りの声明を発表しました。

これにより、すでに撤去に着手している施設を除き、鉄鋼部門を含む大部分の賠償指定工場で賠償撤去が実質的に中止されることになりました。そして、一九五二年（昭和二七年）四月二六日付でGHQが「賠償指定解除」通達を発し、四月二八日の平和条約発効をもって、すべての賠償施設の指定が解除されたのです。

日本製鉄の社史では、賠償問題は平和条約の発効とともに「全面的に解消した」と表現されています。そして、この賠償問題の解決は、「日本が自由諸国の経済強化に貢献しうる有力な一員たるべく、その重工業生産設備の急速な拡充を期待されるにいたり、今日の発展をもたらす因をなした」として称賛しています。

つけ加えると、この賠償指定において、GHQは日本政府に撤去施設の保全を命じ、保守にかかわる費用は国家予算から支払われることになりました。鉄鋼部門の賠償指定施設の保守費、つまり、管理担当者や保守作業員らの給料、旅費、事務費、材料燃料費、作業費および工事費などは、一九四七年度から政府交付金が適用されるようになったのです。

管理保全開始の一九四六年度第二・四半期から約二年分の日本製鉄各作業所が申告した保全費（臨時工事費を含む）の支出額は合計六億九五〇〇万円で、このうち三億三六〇〇万円が国から交付され

＊8 「アチソン大使に対する会談案」、外務省編纂「サンフランシスコ平和条約　準備対策　Ⅱ　連合国との接触」日本外交文書デジタルコレクション、外務省外交史料館、https://www.mofa.go.jp/mofaj/annai/honsho/shiryo/archives/pdfs/sf1_03.pdf

＊9 大蔵省財政史室編『昭和財政史――終戦から講和まで』第一巻　賠償・終戦処理、東洋経済新報社、四〇三～四一二頁、財務総合政策研究所、https://www.mof.go.jp/pri/publication/policy_history/series/syusenkouwa/01_02.pdf

ています。[10]

日本製鉄の解体と再編

賠償撤去は免れましたが、日本製鉄は、GHQの占領開始当初からの方針である財閥解体の対象とされていたため、一九五〇年(昭和二五年)四月、八幡製鉄株式会社、富士製鉄株式会社、日本製鉄汽船株式会社、播磨耐火煉瓦《はりまたいかれんが》株式会社の四社に分割され、一九五七年(昭和三二年)一一月に日本製鉄は消滅しました。解体の際、鉄鋼メーカーの二社、八幡製鉄が八幡製鉄所を、富士製鉄が輪西・釜石・広畑の各製鉄所と富士製鋼所を継承しました。

日本製鉄の消滅後、鉄鋼メーカーの八幡製鉄と富士製鉄が一九七〇年(昭和四五年)に合併し、新日本製鉄株式会社となっています。二〇一二年(平成二四年)一〇月一日には住友金属工業と合併し、新日本製鉄住金が発足しましたが、二〇一九年(平成三一年)四月に日本製鉄株式会社(現)に商号変更しています。

現在の日本製鉄は、以前の日本製鉄の流れをくみますが、公式ホームページの沿革[11]は戦後から始まっており、創業からいまに至る歴史は記されていません。

これとは対照的に、ドイツでは、ナチス政権とかかわりのあった企業の自社ホームページに、ナチスへの協力と強制労働の事実が明示されています。ドイツでも戦時中、深刻な労働力不足に陥り、強制労働者を使用しなければ、経済が維持できない状況にありました。

九〇年代後半になって、元強制労働者によるドイツ企業に対する集団訴訟が相次ぎ、ドイツの戦争責任問題が本格的に動き出します。二〇〇〇年（平成一二年）八月に、ドイツの強制労働に対する戦後補償を行う基金「記憶・責任・未来」財団を設立し、被害者への補償金の支払いが開始されます。基金は一〇〇億マルク（約五三〇〇億円）で、ドイツ政府が半額を拠出し、残りをナチス政権下で強制労働を行ったフォルクスワーゲン、シーメンス、バイエルなどの大手企業ほか約六五〇〇社が出資しました。

たとえば、ドイツの電気・電子機器製造業のシーメンスは、自社サイトの「沿革」のページ[*12]で、「一九四〇年初頭　強制労働者の使用」と題し、「強制労働者の使用が唯一、労働者不足を補う手段だった」「強制労働者は、ドイツ占領地、捕虜、ユダヤ人、シンティ人、ロマ人、戦争末期には強制収容所被収容者を含む。一九四〇～一九四五年の期間中、少なくとも八万人の強制労働者がシーメンスで働いていた」と説明しています。

また、自動車製造会社フォルクスワーゲンは、企業沿革の「歴史から学ぶ」のタイトルのＰＤＦ[*13]で、

＊10　日本製鉄株式会社史編集委員会編『日本製鉄株式会社史　一九三四－一九五〇』、一九五九年、九八七頁

＊11　日本製鉄株式会社「沿革」、https://www.nipponsteel.com/company/about/history/index.html

＊12　シーメンス公式サイト（英語）「沿革」、https://new.siemens.com/global/en/company/about/history/company/1933-1945.html

＊13　フォルクスワーゲン公式サイト（英語）「沿革」、https://www.volkswagenag.com/en/group/history.htm.Historical Notes,volume1:Learning from History（ＰＤＦ版）https://www.volkswagenag.com/presence/konzern/documents/history/englisch/Heft1_EN.pdf

ナチス政権下の強制労働について説明しています。同社は、一九九八年に元強制労働者への補償のための基金を設立し、人道支援という形で、元被害者への金銭的補償を開始しています。

同じく自動車製造会社のダイムラー・ベンツも自社サイトの「一九三三－一九四五　ナチス時代のダイムラー・ベンツ」[*14]というページで、強制労働者について「東ヨーロッパからの労働者および捕虜は監獄のようなひどい環境であばら屋に収容された。強制収容所の被収容者は非人道的状況で、ナチス親衛隊に監視されていた」「一九四四年には、ダイムラー・ベンツの六万三六一〇人の従業員の約半分が、強制労働者、捕虜、強制収容所の被収容者だった」と記しています。

日本でも、一九九〇年代に入り、戦時中に強制労働させられた朝鮮人や中国人などが、日本政府や企業を相手に、謝罪と賠償を求める訴訟を始めました。日本でのこうした戦後補償裁判の判決では、強制労働が不法行為であると認定されたり、和解にいたったケースもありましたが、時効の適用や、朝鮮人の場合は「一九六五年の日韓請求権協定により解決済み」との理由で、日本政府や企業は法的責任を逃れてきました。

「日韓請求権協定で完全かつ最終的に解決済み」というのは、一九六五年（昭和四〇年）六月二二日に締結された日韓請求権協定に基づいた主張です。この協定では、日本から韓国に対して、経済協力として無償三億ドル、有償二億ドルを渡す（第一条）とともに、両国およびその国民（法人を含む）の財産・権利・利益ならびに請求権に関する問題は完全かつ最終的に解決されたこととなることを確認し、いかなる主張もすることができない（第二条）と定めています。

しかし、韓国に供与・貸し付けた五億ドルは経済協力資金であり、戦時に動員された朝鮮人労働者への個人的賠償ではなく、日本企業からの補償でもありません。

多くの証言や過去の資料などから、日本政府の「労働政策」によって日本企業が朝鮮人労働者を雇い入れ、劣悪な環境下で強制的に働かせていたのは明らかです。そして、敗戦で帰国した人、就労中に亡くなった人の賃金などは未払いのままです。遺骨さえ本国に戻されていません。

戦時中に朝鮮人や中国人を計画的に動員した日本政府と雇い入れた日本企業は、その歴史的事実を認め、情報をすべて開示して真実を明らかにし、被害者を救済すべきです。

＊14　ダイムラー・ベンツ公式サイト（英語）「沿革」、https://www.daimler.com/company/tradition/company-history/1933-1945.html

あとがき

二〇二一年六月七日、ソウル中央地方法院は、日本製鉄や三菱重工など日本企業一六社を相手取り、朝鮮半島出身労働者と遺族ら八五人が損害賠償を求めた訴訟で、原告の訴えを棄却する判決を言い渡しました。日本企業に対する損害賠償請求を認めた二〇一八年の韓国大法院判決と真逆の判決です。

この決定に、日本では、「韓国政府の政治的意図か」といった見方も報じられました。朝鮮人「徴用工」訴訟の勝ち負けで日韓の国民が一喜一憂し、外交関係に影響が及ぶというのもおかしな話です。そもそも日本人の多くは徴用工の実態をほとんど知らない――それが実状でしょう。

序章でも述べたように、そういう私自身、戦時中の朝鮮人労働者についてよくわかってはいませんでした。そのことをより深く知るために、さまざまな文献を調べ、書いたのが本書です。古い文体や旧漢字に苦労しながらも、当時の公文書や書物などを読み進めていくなかで、私は時間を超えた不思議な感覚を抱くようになりました。戦時下の朝鮮人労働者は、現在の日本で働く外国人労働者と酷似しています。記録のなかの朝鮮人労働者たちの姿が、現実のものとして私の前に立ち現れてきたのです。

ソウル中央地方法院の徴用工訴訟の判決から一〇日ほど経った六月一八日、法務省と厚生労働省が所管する「外国人技能実習機構」は、外国人技能実習生の失踪が著しいとして、ベトナムの実習生送り出し機関四社からの新規受け入れを一定期間停止すると発表しました。出入国在留管理庁が二〇一九年三月に公表した実態調査によれば、外国人技能実習生の失踪の原因は「低賃金」「賃金からの不適当な控除」「過重な時間外労働」「不当な外出制限」「同意のない現金預かり」「暴力」といった実習実施機関の不正行為にあることが明らかになっています。

戦時中も朝鮮人労働者の逃亡は多くありました。逃亡の理由は、現在の外国人技能実習生とほぼ同じです。日本における外国人労働者雇用の失敗は、八〇年以上前に行われた朝鮮人労働者「移入」の失敗に始まり、いまに至っている——と私には思えます。

政府や受け入れ企業は、外国人技能実習生の失踪を減少させる取り組みを強化していますが、過去の外国人労働者雇用の誤りを省《かえり》みようとは決してしません。戦争と植民地主義によって動員された朝鮮人「徴用工」に対する不正行為は〝解決済み〟どころか、いまも別の形で繰り返されているのです。現在の日本で働く外国人の七割近くが、日本の元占領地出身者であることも無関係ではないように思えます。

本書が、朝鮮人「徴用工」問題の本質を知る手がかりとして、少しでもお役に立てれば幸いです。日本が歴史に正しく向き合い、アジアの隣国の人々との対話を通して友好関係を築いていくことを願っています。

最後に、これまでさまざまな形で資料を提供していただいたり、貴重な話を聞かせてくださった方々に深く感謝をいたします。本書を執筆できたのもみなさまとの出会いのおかげです。

また、出版にあたっては、出版不況とコロナ禍のなか、寿郎社の土肥寿郎さんが私の持ち込んだ原稿を快く受け入れ、編集作業を進めてくださいました。

この本の製作にかかわってくださったすべての方に厚くお礼申し上げます。

二〇二一年八月

人権と命を大切にする社会であることを祈って

木村嘉代子

木村嘉代子（きむら・かよこ）
北海道生まれ、静岡県・新潟県育ち。
1990年からフリーライターとして東京で女性誌や情報誌などに携わる。ロンドン・パリでの活動を経て、現在、札幌などで社会問題を取材し、雑誌・機関誌・英字新聞などに執筆している。

朝鮮人《ちょうせんじん》「徴用工《ちょうようこう》」問題《もんだい》を解《と》きほぐす
室蘭《むろらん》・日本製鉄輪西製鉄所《にほんせいてつわにしせいてつじょ》における外国人労働者《がいこくじんろうどうしゃ》「移入《いにゅう》」の失敗《しっぱい》

発　行　2021年８月31日　初版第１刷

著　者　木村嘉代子

発行者　土肥寿郎

発行所　有限会社 寿郎社
〒060-0807　札幌市北区北７条西２丁目 37山京ビル
電話 011-708-8565　FAX 011-708-8566
e-mail doi@juroushacom
URL https://www.ju-rousha.com/
郵便振替 02730-3-10602

印刷・製本　日本ハイコム株式会社

＊落丁・乱丁はお取り替えいたします。
＊紙での読書が難しい方やそのような方の読書をサポートしている個人・団体の方には、必要に応じて本書のテキストデータをお送りいたしますので、発行所までご連絡ください。

ISBN978-4-909281-37-1 C0036

「慰安婦」問題の境界を越えて

連合国軍兵士が見た戦時性暴力、各地にできた〈少女像〉、朝日新聞と植村元記者へのバッシングについて

テッサ・モーリスースズキ、玄武岩、植村隆 著

アジア・太平洋戦争における日本軍と連合国軍の「慰安婦」の実態（テッサ・モーリスースズキ）、「想起の空間」としての「慰安婦」少女像のあり方（玄武岩）、歴史修正主義と闘うジャーナリストからの報告（植村隆）などを収録。二〇一六年一〇月に北海道大学で行われたシンポジウムをまとめたブックレット。

定価：本体八〇〇円＋税

ノグンリ虐殺事件

君よ、我らの痛みがわかるか

鄭殷溶 著　伊藤政彦 訳　松村高夫 解説

この村の悲しみを世界へ——。朝鮮戦争勃発直後、大田（テジョン）近郊の老斤里（ノグンリ）で起きた米軍による避難民「皆殺し」（ジェノサイド）に巻き込まれ家族が犠牲になった著者が、自らの苦悩と向き合いながら残虐な戦争犯罪を告発した衝撃のノンフィクション。

定価：本体三〇〇〇円＋税